中文經典100句

資治通鑑

輕鬆閱讀經典，深入中文堂奧，強化寫作必備案頭書

良藥苦口，唯病者能甘之；忠言逆耳，唯達者能受之　但有斷頭將軍，無降將軍
窮達有命，吉凶由人　非但君擇臣，臣亦擇君
千夫所指，無病而死　臣門如市，臣心如水　百戰百勝不如不戰而屈人之兵
豺狼當路，安問狐狸　強弩之末勢不能穿魯縞

知名歷史專欄作家 公孫策——編著
文化大學中文系 季旭昇教授——總策畫

〈出版緣起〉

站在文化巨人的肩膀上

季旭昇

「犁明即起，灑掃庭廚。忘著窗外，一片籃天白雲，令人腥情振忿。隨便灌洗一下，整理遺容之後，走到客聽，粘起三柱香，拜完劣祖劣宗，希望祖宗給我保屁。然後勿勿敢往朋友的壽宴，為朋友舉殤祝壽，大家喝的慾罷不能。談到朋友的事葉出現危機，我就建議他要摒持理念、拿出破力。朋友也免勵我要多用功，才能寫出家譽戶曉、躑地有聲的文章。晚上我開始發糞讀書，日以繼夜的終於寫完這一篇文章。」

這是用現在見怪不怪的錯字集錦而成的一篇小文，果然可以「擲地」，但是未必「有聲」。近年來，這種錯字太多了，老師開始憂心、家長開始憂心、社會賢達開始憂心，只有學生和教育主管當局不憂心，教育主管當局甚至於還要進一步削減中小學的國語文授課時數。終於，社會的憂心迸發了，由各界組成的「搶救國文聯盟」日前已起來呼籲教育主管當局要正視這個問題，不要坐視國家競爭力一日一日的衰落。

身為文化事業一份子的商周出版，老早就在正視這個問題了，所以洞燭機先地策畫了「中文可以更好」系列，為文字針砭、為語文把脈，希望把這些年語文界的毛病治好。各界反應還不錯。語文的毛病治好了，體質還是不夠強壯。商周出版認為進一步要熬十全大補湯，讓我們的語文更強壯。這「十全大補湯」就是「中文經典一〇〇句」系列。

《荀子・勸學篇》說：

「吾嘗終日而思矣，不如須臾之所學也。吾嘗跂而望矣，不如登高之博見也。登高而招，臂非加長也，而見者遠；順風而呼，聲非加疾也，而聞者彰。假輿馬者，非利足也，而致千里；假舟楫者，非能水也，而絕江河。君子生非異也，善假於物也。」

學畫一定要先從芥子園畫譜學起。芥子園畫譜是初學者的「經典」。張大千的畫藝要更上層樓，所以要去千佛洞臨壁畫。千佛洞是張大千的「經典」。學書法的人要學二王顏柳，二王顏柳是書法界的「經典」。

經典是古代聖賢才智的結晶，是民族文化的源頭。

多認識經典可以讓我們站在巨人的肩上，長得更快、更高。

多認識經典可以讓我們的思想、文字帶有民族智慧、民族風格。

《論語》、《史記》、《古文觀止》、《孟子》、《詩經》、《莊子》、《戰國策》、《唐詩》、《宋詞》、《世說新語》、《資治通鑑》、《昭明文選》、《六祖壇經》、《曾國藩家書》（「中文經典一〇〇句」已出版）、《老子》、《韓非子》、《荀子》、《兵法》、《易經》（「中文經典一〇〇句」即將出版），這十幾本書應該是現代國民的「最低限度必讀經典」，做為這個民族的一份子，沒有讀過這十幾本書，就稱不上這個民族的「知識分子」。但是，現代人實在太忙了，大人忙著五光十色、小孩忙著被教改、社會忙著全民英檢、國家忙著走出去，人人都在盲茫忙，商周出版因此為忙碌的人們燉一鍋大補湯，用最活潑簡明的文句，把經典的精粹提煉出來，讓大家可以在「三上」（馬上、枕上、廁上）閱讀。在做完文字針砭、為語文把脈、把病痛治好後，讓我們來培元固本，增強功力，站在文化巨人的肩膀上，看得更高，飛得更遠！

（本文作者為台灣師範大學國文系退休教授，現任文化大學中文系教授）

〈專文推薦〉

雖然始終沒買下那套《資治通鑑》

蔡詩萍

提到《資治通鑑》，我個人有段很特殊的感情。

不僅僅因為我念政治學出身，對這部巨著，多少有所耳聞或多少有所接觸。而是，對這套書，自年少起，我即有一股撫拭其書冊便萌生聞其書味的衝動。

這必須從「世界書局」還沒有大字本《資治通鑑》以前，那套書型較小，字體排得緊密結實的舊版《資治通鑑》談起。

我來台北念大學時，重慶南路還是一條相當完整的書店街，「世界書局」那棟大樓我算常去，每次去，都會去翻翻《資治通鑑》。一方面，我讀中國政治思想史，多少都有人跟我提起該讀讀《資治通鑑》，好歹總要知道它的長相吧。另方面呢，純從愛書人的角度看，在那書籍裝禎還不很花俏的年代，說實在的，「世界書局版」的《資治通鑑》放在架上一字排開，至少是我當時所能見到的版本中，相當典雅而搶眼的一套，所以我總是抽空去翻翻、去摸摸，有時趁著人家沒注意，還會拿起來湊近鼻尖聞聞，那種老派書籍，還真泛出一股幽幽書香呢。

然而我始終沒買下那一套《資治通鑑》。當時窮學生窮研究生，沒錢，是主要理由。後來兼了差，找了正職上班後，有了點錢，卻依舊沒買，因為已經沒把握買來後會去讀它了。

可是我後來在研究所階段，半翻半讀、拉拉扯扯的，是看過王夫之的《讀通鑑論》。再後來，我讀過大陸版的毛澤東圈註《資治通鑑》的選輯。再再後來呢，我讀了明朝首輔張居正為萬歷皇帝親自編選，並加之註解的《通鑑直解》。這些與《通鑑》觸碰的拉雜經驗，讓我逐漸理解到，北宋時這部由司馬光主編的卷帙浩繁的巨著，其出發點，固然是儒家知識分子為了輔佐皇帝，教導他們如何去當一位聖君，又如何以歷代興衰為鑑，以避免淪為庸君獨夫。也就是說，要在帝王興衰成敗的故事中，找出可以「資治」的典範與方法。

不過，若從「帝王學」的角度看，《資治通鑑》中鉅細靡遺的描述，也等於替有志於權謀、治術的帝王，整理出一部權鬥的精華錄。毛澤東對《資治通鑑》愛不釋手，他喜愛的原因，絕對跟明末清初王夫之寫《讀通鑑論》的心情，相差十萬八千里。這便意味了「文本」這種東西，的確有它自己的生命，閱讀者怎麼讀、怎麼詮釋、怎麼應用，完全可以跟當初創造這文本的人，其原始初衷，完全南轅北轍。想想看，年幼的萬曆皇帝如此被張居正寄望成為賢君，最後呢，成年後的萬曆卻是張居正被抄家族戮的元凶。再想想，毛澤東若真從「資治」的用心讀通鑑，又何必搞出批右、大躍進、文革十年等瘋狂行徑呢。

一部通鑑，好看。但伴隨通鑑的一部部權力爭鬥史，是不是更為好看呢。

自從我當年在「世界書局」翻看《資治通鑑》以後，這世界又風雲變幻了好幾翻。我自己年歲漸長，馬齒徒增之餘，當然也了解到單靠知識的增長，不一定保證人的品質。同樣，以史為鑑，效果也可能是「一把兩面刃」，端看你從歷史裡，要選取的教訓，是一種權謀、心機呢？或是一種豁達之態度？

但無論如何，我們試著從典籍當中，汲取知識，提煉智慧，這仍舊是人類亙古不變的學習經驗。即使到了數位化年代的今天，我們可以輕易在網路上，下載卷帙浩繁的《資治通鑑》，可是你必須養成閱讀之習慣，鍛鍊思索之能事，這仍舊是硬功夫，像少林武功一樣要從紮馬步開始。

這本《中文經典一〇〇句資治通鑑》，是一系列著作中的延續，當然是這時代某種「速成文化」的縮影，不過，同樣是速食，有營養沒營養差很多。我常常會在短暫的空檔裡，隨手抓一本「中文經典一〇〇句系列」，伺機翻讀，因為短短一篇小文章，精簡詮釋了來自於經史子集的膾炙人口名句，說真的，花費不大（無論金錢或時間），效益卻相對很大，是閱讀的速食文化裡，我覺得最划算的投資。何況，讀著讀著，你會驚訝，原來已經成為我們生活用語之一的某些名言，竟來自於《資治通鑑》，這種發現之樂，其樂無窮。

（本文作者爲作家、廣播電視主持人）

〈作者序〉

監前世之興衰，考當今之得失

公孫策

《資治通鑑》這部史書，上起戰國、下終五代，前後記錄了一千三百六十二年。它不是斷代史，卻也不是通史，它是一部專門給執政者看的史書，其宗旨就是標題這十二個字。這十二個字是司馬光在全書修成之後的奏章中所言，事實上也是我們讀歷史最主要的目的之一：以史為鑑，不要再犯前人犯過的錯誤。

這部史書採編年體，也就是一年一年、一月一月往下記述，所以它的文學性就不如紀傳體那般豐富。我常說「司馬遷和司馬光都是史家，都姓司馬，可是文采差很多」，以《史記》與《資治通鑑》相比較，司馬遷的文采當然比司馬光飛揚多了。

然而，兩部史書的目的卻是不一樣的。司馬遷著《史記》是抱著「究天人之際，通古今之變，成一家之言」的胸懷，司馬光則完全沒有「成一家之言」的「私心」，反而有著標題這十二個字，以及「著生民之休戚，使觀者自擇其善惡得失，以為勸戒」的孤孽之心。

由於文學性不那麼豐富，《資治通鑑》的名言名句就不若《史記》那樣俯拾皆是。儘管如此，由於上下一千三百多年，發生的事情實在太多，所以名句也不少，以致於本書只擷取至淝水大戰為止，不無遺珠之憾。

「中文經典一〇〇句」在此之前出了十本，我執筆其中的《中文經典一〇〇句——史記》與《中文經典一〇〇句——戰國策》。在每一篇的「歷久彌新說名句」部分，常常需要引用其他時代的歷史故事以為印證。但是這項工夫在寫《中文經典一〇〇句——資治通鑑》時卻可以「不假外求」——之所以稱為通鑑，就是可以前後對照著看。易言之，前面看到一種「得或失」，後面會一而再、再而三地看到。既讓人喟歎「狗改不了吃屎」，也不得不感歎那些不怕死的骨鯁之士真是前仆後繼！

總之，司馬光編撰《資治通鑑》是給皇帝看的，希望皇帝能鑑古知今。當今民主時代，老百姓是頭家，讀《通鑑》當可明察公僕的得失所在。

二〇〇七年秋

Contents／目錄

苟能識人，何患無才

Contents／目錄

不入虎穴，不得虎子

富貴不淫，貧賤不移

惟賢惟德可以服人

100

非但君擇臣，臣亦擇君

名句的誕生

（劉秀接見馬援）謂援曰：「卿遨遊二帝間，今見卿，使人大慙[1]。」援頓首辭謝，因[2]曰：「當今之世，非但君擇臣，臣亦擇君矣！……」

～〈漢紀〉

完全讀懂名句

1. 慙：同「慚」。
2. 因：於是。

語譯：劉秀對馬援說：「先生穿梭於兩個皇帝之間。今日見面，令我大感慚愧。」馬援頓首拜謝，解釋說：「處在今天的世局之下，不只是皇帝選擇臣子，臣子也選擇皇帝啊！」

名句的故事

這是一段「大時代中，兩位高手過招」的精采場景。

關鍵兩個字，劉秀為什麼要「慚」？有什麼好慚愧的？馬援「擇」的又是什麼？

事情要從王莽劣政、人心思漢說起。天下紛紛，變民四起，率先稱帝的是劉玄（更始皇帝），及至劉玄瀕臨滅亡前夕，割據四川的公孫述和平定河北的劉秀先後稱帝。其他還有許多變民集團如赤眉，都不成氣候，但舉足輕重的是涼州（甘肅南部）軍閥隗囂。

隗囂派馬援「往觀」公孫述。馬援去到成都，公孫述大陣仗歡迎，要封馬援為侯、拜為大將軍。馬援隨行的賓客都暗中高興，但馬援對他們說：「天下未定，公孫述不但不禮賢下士，還擺出皇帝的架子，如同一個巨大人偶，這種人何足依靠？」回到涼州，對隗囂說：「公孫述是個井底蛙，不如專心事奉東方（劉秀）。」

所以，馬援到訪對光武帝劉秀而言，有雙重意義：隗囂的動向與馬援的意向。

由於馬援之前先去了公孫述那邊，整個過程劉秀很可能也得到情報。因而刻意地表現出與公孫述截然相反的作風：身為皇帝之尊，在洛陽宣德殿南邊的走廊下接見馬援，卻只在頭上包了幘巾（儒士裝束），坐在席上，笑著說「卿遨遊二帝之間」話語，意思是「你先去看公孫述，然後才來我這裡，顯然有先後輕重之別，令我慚愧」。

馬援是個英雄人物，不是普通攀龍附鳳之輩（請參閱「窮當益堅，老當益壯」一章），不卑不亢地回答「不是只有君擇臣，臣也擇君」，意思是「你和公孫述都還沒統一天下，得天下得靠人才」。

馬援回到涼州，隗囂問：「東方（劉秀）怎麼樣？」馬援說：「開誠布公作風如漢高祖劉邦，博學能幹則前世無人可比。」意思是劉秀比劉邦還優秀。隗囂內心不服，但是因此而在公孫述與劉秀之間，選擇傾向劉秀。（以後故事請參閱「神龍失勢，與蚯蚓同」一章）

歷久彌新說名句

劉秀對上馬援，固然是用了一點心機，故意在動作上低姿態、在言語上高姿態，而馬援也用同一招回敬。然而，劉秀充分讓馬援感受到他的領袖氣質，才是讓馬援心悅誠服的主因。

亂世君擇臣，臣亦擇君。另一個例子是劉邦對韓信。

韓信最先投入項梁軍中，未受重視；項梁敗亡，歸項羽，派為郎中，但是數次獻策皆不被採用，於是轉投奔劉邦；韓信在劉邦軍中擔任治粟都尉，只有蕭何賞識他，自覺不受重用又逃亡，演出「蕭何月下追韓信」，追回來以後，拜為大將，最後為劉邦建立大功。

後來蒯徹勸他自立門戶，與項、劉鼎足而分。韓信說：「漢王遇我甚厚，載我以其車，衣我以其衣，食我以其食。吾聞之，乘人之車者，載人之患；衣人之衣者，懷人之憂；食人之食者，死人之事。我豈可以向利背義乎？」

這就是劉邦收了韓信的心，而韓信「亂世臣亦擇君」選定了劉邦，自此死心塌地——一直到被呂后設計殺頭為止！

名句可以這樣用

今日工商社會的企業競爭激烈，堪謂「天天都是亂世」。所以，企業不惜重金挖角，人才也要看這家企業「值不值得我投入青春歲月」，可謂本句名言的現代版註解。

另外有一個笑話：一位青年人參加面試後，人事單位打電話去通知他上班。但是接電話的母親卻回答：「可是，我兒子還沒有interview你們的總裁啊！」

戮一人而千萬人懼

名句的誕生

是故斷以大義[1]，使天下曉然[2]皆知為臣不忠者無所自容；而懷私結恩[3]者，雖至於活己[4]，猶以義不與也。戮一人而千萬人懼，其慮事豈不深且遠哉！子孫享有天祿[5]四百餘年，宜矣！

～〈漢紀〉

完全讀懂名句

1. 斷：決斷。斷以大義：以大原則斷然決定（誅殺丁公）。
2. 曉然：明白、覺悟貌。
3. 懷私結恩：賣私人交情。
4. 活己：放自己一條生路。
5. 天祿：皇帝自稱天子，意謂皇室之尊貴係得自天命。

語譯：所以，採用（臣子不可懷二心）大原則斷然決定（誅殺自己的救命恩人丁公），使天下人都明白：為臣不忠者將無可容身之處，即使是曾經賣私人交情，甚至放自己一條生路的人，仍然基於大原則而不寬恕。如此作為，殺一人令千千萬萬人戒懼，他漢高祖（劉邦）考慮事情真是既深且遠！他的子孫能夠享受四百多年皇室的尊榮，都是因為開基祖的深謀遠慮啊！

名句的故事

劉邦在和項羽對抗時期，項羽的部將季布數度在戰爭中讓劉邦很難堪（怎麼個難堪法，史書沒有記述，顯然是史官為漢高祖隱諱糗狀）。等到項羽滅亡，劉邦懸賞千金緝捕季布，有敢窩藏季布者「夷三族」。

季布隱姓埋名賣身為奴，躲藏在大豪朱家家中。朱家知道他就是季布，透過私人關係向高層遊說：「項羽的部下難道可以誅殺淨盡嗎？像季布這種賢才（季布一諾千金，社會聲望很高），如果漢朝不能用，豈不向北去胡、向南去越（為外國所用）嗎？」終於，劉邦赦免季布，並且召他到中央政府任官。

季布的舅舅丁公也曾經是項羽的部將，曾經追逐劉邦，情況急迫，劉邦在馬上回頭喊話求情，丁公引兵而還（賣私人交情給敵人）。

等到項羽滅亡，丁公謁見劉邦（以為有恩於劉邦，所以不逃亡）。劉邦說：「丁公擔任項羽的臣子而不忠，使項羽失去天下的，就是丁公這種人。」下令將丁公斬首，並且廣為宣達：「要讓以後做臣子的，不敢效法丁公。」

這句名言「戮一人而千萬人懼」，是司馬光在《通鑑》本文記述劉邦如何分別對待季布與丁公故事後的評論之辭，他認為，劉邦招降納叛以成帝業，重用了多少過去的敵人，唯獨誅殺一個丁公。其深謀遠慮，就是為了給後世的臣子一個警惕。

歷久彌新說名句

五胡亂華期間，一度統一北方的氐族領袖前秦苻堅，重用漢人王猛，令氐族親貴、勳臣非常不爽，一位元老侯爵樊世揚言：「要將王猛的頭顱懸掛在長安城門，否則我混假的！」

王猛將此話報告苻堅，苻堅說：「一定要殺這個老氐，然後百官就安靜了。」有一次，樊世在苻堅面前和王猛起爭議，樊世作勢要打王猛，苻堅火大，下令斬樊世，於是群臣以後見到王猛「皆屏息」（連大氣也不敢出）。

王猛為苻堅網羅漢人人才，尤其是當時與前秦對敵的東晉與前燕的人才。有一次，王猛和幕僚在吃飯時談起三位「前為外使，今為國臣」的官員，王猛分析：「當初梁琛擔任燕國使節，專說自己本國的好；樂嵩擔任晉國使節，只說桓溫軍容壯盛；郝晷擔任燕國使節，則會稍稍透露一些自己國內的弊病。」

王猛的參軍馮誕問：「如今這三位都成了我國官員，請問，任用臣子以哪一位為先？」王猛說：「郝先生識相，應該優先。」馮誕說：「難道明公的作風是『賞丁公而誅季布』嗎？」王猛大笑。

大笑，是解除尷尬一種很好用的方式，實質作用是迴避了尖銳的問題。事實上，王猛沒說出來的理由是：前秦尚未統一天下，猶如劉邦還在招降納叛期間，豈能殺丁公？又有什麼條件賞季布？但是這個道理不必對馮誕說，說了也未必聽得懂。

名句可以這樣用

我們常用的成語是「殺一儆百」、「殺雞儆猴」，但是和「戮一人而千萬人懼」在用法上仍有區隔。

前述苻堅殺樊世，是殺雞儆猴；這和劉邦誅丁公「戮一人而千萬人懼」，層次與氣魄完全不同。此所以前者只能收一時之效，後者卻能保子孫四百年天祿！

舉大事者不忌小怨

名句的誕生

帝[1]曰：「舉大事[2]者不忌[3]小怨。鮪[4]今若降，官爵可保，況誅罰乎！河水在此[5]，吾不食言。」

～〈漢紀〉

完全讀懂名句

1. 帝：東漢光武帝劉秀。
2. 舉大事：爭天下。
3. 忌：記恨。
4. 鮪：朱鮪，玄漢政權洛陽守將。
5. 河水在此：對著河水發誓。

語譯：劉秀說：「一個有心爭天下的人不會（也不該）計較過去的小怨仇。朱鮪若肯投降，連官爵（玄漢政府所封）都可以保住，怎麼可能對他報復！我對著河水發誓，絕不食言。」

名句的故事

朱鮪與劉秀之間的怨仇可不是小怨仇：更始皇帝劉玄殺劉縯（劉秀的哥哥）時，朱鮪參與斬除計畫；更始要派劉秀去河北剿匪時，朱鮪還勸諫「不可縱虎歸山」。

然而，朱鮪是一員優秀將領。玄漢政權都已經被赤眉滅了，朱鮪仍堅守洛陽，擋住了劉秀的入關之路。光武軍圍攻洛陽，數月不下。為了「大事」，劉秀決定不計前嫌。

劉秀對岑彭說了上述話語，岑彭到城下向朱鮪轉述。朱鮪從城上放下繩索，說：「真有誠意的話，可以沿這條繩索上來。」岑彭毫不猶豫，抓過繩索就要向城牆上攀登。朱鮪認為岑彭是有誠意的，就答應投降。

朱鮪自己上綁，隨著岑彭去見劉秀。劉秀親自為他解開縛索，以禮接見，然後命令岑彭連夜將朱鮪送回洛陽城——表示「若反悔，可以關上城門再戰」，實質上則是和「推赤心置人腹中」一章故事中，對付銅馬眾的手法相同，令投降者心悅誠服。

隔天，朱鮪率眾開城出降。劉秀封他為平狄將軍、扶溝侯，朱鮪的後代一直襲封未絕。

歷久彌新說名句

君王對臣子有上下之分，不能平起平坐盟誓，也不能叫另一個臣子當見證，就如劉秀不能讓岑彭當見證人。「以河為誓」，或對著山、海等自然物發誓，都有「對天地發誓」的形式作用。

春秋時，晉公子重耳（後來的晉文公）流亡國外，後來得到秦穆公的支持，回晉國接掌政權。一行人在渡過黃河時，重耳的舅舅狐偃拿了一塊璧玉給重耳，說：「臣追隨國君巡遊天下，一路上得罪之處很多，在此請死。」重耳說：「我與舅舅同心，有如此水之清澈。」將璧玉投入河中。

別以為這是無聊的動作，要知道，過去十幾年流亡途中，兩人關係是「甥舅」。一旦渡過河，踏上晉國土地，關係就變成「君臣」，而伴君如伴虎啊！

名句可以這樣用

有看過「做大事者不計小怨」的句子，「計」字就做「計較」用，與本文「忌」字意思相同。以現代語言角度來說，比較易懂。

推赤心置人腹中

名句的誕生

（蕭王[1]接連擊敗諸賊，受降）封其渠帥[2]為列侯。諸將未能信賊，降者亦不自安[3]；王知其意，敕令降者各歸營勒兵[4]，自乘輕騎[5]按行[6]部陳[7]。降者更相語曰：「蕭王推赤心[8]置人腹中，安得不投死[9]乎！」由是皆服，悉以降人分配諸將，眾遂數十萬。

～〈漢紀〉

完全讀懂名句

1. 蕭王：漢光武帝劉秀在未稱帝前，是更始政權的蕭王。
2. 渠：首。渠師：首領、頭目。
3. 不自安：內心不安。
4. 勒兵：武裝備戰。
5. 輕騎：輕裝的騎兵，隨從人數很少。
6. 按行：巡視。
7. 部陳：部隊。陳：同「陣」。
8. 赤心：赤忱之心。
9. 投死：效死。

語譯：（劉秀率軍平定河北各地的變民軍，接連擊敗銅馬、高湖、重連等變民集團）變民投降，劉秀封他們的頭目為侯，以吸收這些兵力。但是劉秀麾下諸將不信任這些盜賊，變民也覺得未獲信任而內心不安（情況緊繃，隨時會爆發衝突）。劉秀察覺這種情緒，就下令投降部隊各自回到軍營，武裝備戰。自己則是帶領少數隨從到各軍營閱兵，以示信任。投降的變民相互傳話：「蕭王將他的一顆赤心放到我們腹中，怎能不為他效死？」從此完全心服。劉秀將這些部眾分配到諸將麾下，於是軍力擴充至數十萬人。

名句的故事

劉秀在更始陣營中備受猜忌、排擠。派他去征王郎，打贏了，但是隨同起義的部隊損失慘重。於是收服河北地區的十幾股變民集團，充實了自己的兵力，成為後來取天下的本錢。

能夠將原本各自不相屬、沒有經過正規訓練的土匪，讓他們心悅誠服，收編為有戰力的軍隊，劉秀就是靠著這股王者氣質收服民心。

歷久彌新說名句

三國時，諸葛亮病歿五丈原。繼承人費禕接任大司馬，與諸將大會歡飲。其中有一位是魏國降將郭循（或作郭脩），趁費禕酒醉，起身刺殺費禕。

費禕是諸葛亮〈出師表〉中提及的一位人才，史書記載他「資性汎愛，不疑於人」，因此沒有提防降將刺殺。

為什麼劉秀可以，而費禕不能？理由可能有二：一、強盜的道德是「義」，臣子的道德是「忠」，劉秀與費禕同以義氣對待降者，但因對象不同，而結局殊異；二、劉秀具有王者氣質，而費禕沒有，若換作是諸葛亮，郭循可能不會造次。

名句可以這樣用

這句名言其實早已簡約為「推心置腹」成語。但是因四字成語實未能盡意，而典故實在精采，所以納入經典名句中。

千人所指，無病而死

名句的誕生

今賢[1]散公賦[2]以施利惠，一家至受千金，往古以來，貴臣未嘗有此。流聞[3]四方，皆同怨之。里諺曰：「千人所指，無病而死。」臣常為之寒心[4]。

～〈漢紀〉

完全讀懂名句

1. 賢：董賢，漢哀帝寵臣（請參考「臣門如市，臣心如水」一章）。
2. 公賦：公款、人民的納稅錢。
3. 流聞：流言傳布。
4. 為之：為他。寒心：想到就怕。

語譯：而今董賢用公帑行私人恩惠，一家甚至多達千金（兩萬四千兩黃金）。自古以來，未曾見過朝廷重臣有如此情形。流言傳布到各地，聽到的人都怨恨。俗話說：「千人所指，無病而死。」我經常為董賢感到害怕（千人所指）。

名句的故事

漢哀帝不敢自己封董賢，由太皇太后假託傳太后遺詔，增加董賢（已封侯）食邑兩千戶。丞相王嘉「封還詔書」（這是西漢宰相的權力之一），並且上「封事」（密奏）諫阻皇帝這麼做。前述的一段，是王嘉希望皇帝能為董賢著想，免得日後「千人所指，無病而死」。

但是漢哀帝見奏大怒，找了另一件事情為理由，召王嘉到尚書（宮廷秘書處）來責問，並且將此事交付眾官討論。一干與王嘉不和的大臣於是七嘴八舌訴說王嘉的不是。

於是下詔要丞相「向廷尉報到」。漢朝刑不上大夫，三公更不面對獄吏，通常這種情形發生時，三公都仰藥自殺。但是王嘉決心將事情攤開來（之前上「封事」是不想張揚，如今不自殺是不惜公開真相），讓「千人」知道誰幹了壞事。

結果，廷尉吏對王嘉加以凌辱，王嘉在獄中絕食二十多天後，嘔血而死。

歷久彌新說名句

西漢宰相有權封還詔書，是中國歷史上唯一「相權得以制衡君權」的例子。後代多數是宰相成了皇帝的執行長，甚至奴才，少數是權臣倒過來欺壓弱小皇帝，但那不是「制衡」。

漢哀帝破壞了制度，也失去了人心。不到十年，帝國就被王莽篡了。王莽後來搞砸了，所以人心思漢；但以此可以推知，王莽起初為何可以篡漢？還不是當時人心厭漢嗎？

由此可知「千人所指」的厲害了吧！

名句可以這樣用

現在比較常用的是「千夫所指，無病而死」，意思完全一樣。然而，昏庸的當權者不知民心向背的厲害，也一點沒變。

此外，「無病而終」、「無病而亡」都可以用。但要小心不可用「無疾而終」，那是「沒有下文」的意思。

臣門如市，臣心如水

名句的誕生

上[1]責崇[2]曰：「君門如市人[3]，何以欲禁切[4]主上？」崇對[5]曰：「臣門如市，臣心如水。願得考覆[6]！」上怒，下崇獄。

～〈漢紀〉

完全讀懂名句

1. 上：皇帝。當時是漢哀帝。
2. 崇：鄭崇，時任尚書僕射。
3. 市人：進出人多，和市場一樣。
4. 禁切：阻止。
5. 對：下層回答上級。
6. 考：訊問，同「拷」。覆：回覆。

語譯：漢哀帝責問鄭崇：「你家熱鬧得跟市場一樣，為何卻要勸阻皇帝我交朋友？」鄭崇回答：「我家雖然熱鬧，但是我的心平靜如水（問心無愧）。我願意接受司法訊問（以示清白）。」哀帝大怒，將鄭崇下獄治罪。

名句的故事

這位鄭崇得罪的人可多了：

皇帝要封自己的舅舅（太后的弟弟）傅商為侯爵，鄭崇有意見，還拿走桌上的詔書（尚書僕射相當於今日總統府副祕書長，草擬詔書係職權所在）。傅太后大怒，說：「幾時聽過皇帝受制於臣子的？」最後，還是封了。

皇帝寵愛侍中董賢（「斷袖之癖」的典故就是漢哀帝為了不吵醒董賢而剪斷袖子），同時封董賢的妹妹為昭儀（後宮官銜），地位僅次於皇后。董賢與他的妻子加上董昭儀每天從早到晚隨侍皇帝。而鄭崇為此數度上諫。

算一算，鄭崇得罪了太后、太后的弟弟（外戚）、皇帝、寵臣董賢、董賢的妻子與妹妹——權力中樞最親切的一圈全得罪光了。這還不算，最後檢舉鄭崇的是尚書令趙昌（頂頭上司）。所以，可想而知，鄭崇進了監獄就不可能活著出來！連為他講公道話的司隸孫寶也廢為庶人。

歷久彌新說名句

鄭崇自己問心無愧，可是他家裡每天人進人出卻是事實。易言之，他想要做一個犯顏直諫之臣，就應該避避嫌疑，至少該低調一點。漢哀帝的質問其實理直氣壯：你自己交遊廣闊，為何老要限制我？

而鄭崇答話的語氣也太不禮貌了一些，他以為在帝王專制時代司法能有多公正？卻偏要嘴硬「願接受司法訊問」。好吧，皇帝就成全他！

．由這個故事，讀者當可體會「君明則臣直」是多麼可貴的一件事！事實上，三千年中國歷史，容許臣子犯顏直諫，且能虛心納諫的明君真是寥若晨星，反而像漢哀帝這種昏君多如過江之鯽。

名句可以這樣用

「臣心如水」和「心如止水」有用法上的差異。前者強調的是「清澈」，後者強調的是「無欲」。這兩句和「平常心」又有分別，平常心指的是無得失之心。三者的相似點則是，都有內心平靜的意思。

太倉之粟，陳陳相因

名句的誕生

都鄙[1]廩庾[2]皆滿，而府庫[3]餘貨財；京師之錢累鉅萬，貫[4]朽而不可校[5]；太倉[6]之粟陳陳相因[7]，充溢露積於外，至腐敗不可食。

～〈漢紀〉

完全讀懂名句

1. 都：城市。鄙：鄉村。
2. 廩庾：糧倉。有蓋者稱「廩」，露天者稱「庾」。
3. 府庫：郡縣的財庫。
4. 貫：穿錢孔的繩索。
5. 校：計數。
6. 太倉：國家糧倉。
7. 陳：舊。因：累積。陳陳相因：形容穀子堆積在倉庫裡，久而不吃，成了陳米，陳米之上又堆積陳米。

語譯：（文景之治年代）無論城市或鄉村的糧倉都是滿的，郡縣的財庫都有餘（意味無須加稅）；京城的公庫堆積著用不完的錢，用來穿錢孔的繩索都爛斷了，以致無法計數；國家糧倉裡的穀子一層一層往上堆，甚至滿溢到倉庫外面露天之下，以致於腐敗而不能食用。

名句的故事

上述形容最先見於《史記．平準書》，班固作《漢書》在「漢景帝崩逝，漢武帝即位」那一年，借用《史記》的描述，稱頌文景之治的太平盛世社會經濟情況。

班固的描述還包括：大街小巷老百姓都有馬騎，田野間馬匹更成群，騎雌馬或小馬者甚至被排斥在社交圈外（嫌貧）；看守里巷的人都有肉吃，小公務員守著職位不圖升遷（事少錢多離家近）。

但是班固並不是歌頌往聖先王，而是提出驚語：物極必反，最好的時代就是轉衰的開始。自那時起，漢武帝對內耗費無度，對外窮兵黷武，天下財力耗盡，社會經濟蕭條。

歷久彌新說名句

「陳陳相因」這個成語，後來引申成為「因襲舊例，不事創新」的用法。其實正反駁了班固的評論「只見其一，未見其二」。

古時候商業經濟不發達，所以經濟學也很原始。但是我們今天都有概念：資金、原料不應該閒置不用。且換一個角度來看，一個社會已經超穩定到了「一灘死水」的地步，縱使物資再富足，完全沒有挑戰的生活又有何樂趣可言？

漢武帝之偉大，除了開疆拓土之外，他在位時進行了範圍非常廣的改革，包括任官、貨幣、經濟、田制、兵制等等。如果不是有他如此一番大改革，漢朝的社會也會生病的——非常可能會變成一個奢侈淫亂的社會。

漢武帝把他的國家財力「投資」到對外戰爭上面，至少「賺」回很多的土地，雖然他犯了過度投資的問題，使得國家財政周轉不靈。然而，武帝的功業實在太大，使得後世子孫個個想效法，才是西漢一路衰弱的原因。

名句可以這樣用

漢武帝用人作風「用人如積薪，後來居上」，雖然是另外一個意思，但積薪與積粟的畫面近似，且後果相同——先來者「腐不可食」。

法削則國弱

名句的誕生

趙奢曰：「君於趙為貴公子，今縱[1]君家而不奉公[2]則法削[3]，法削則國弱，國弱則諸侯加兵[4]，是無趙也，君安得有此富乎！」

～〈周紀〉

完全讀懂名句

1. 縱：縱容。
2. 奉公：秉持公平。
3. 削：受傷。
4. 加兵：軍隊來攻。

語譯：趙奢（對平原君）說：「閣下在趙國是王室貴胄，現在如果司法放縱閣下一家（不繳稅），而不秉公處理，那麼法律的威信就受到傷害了；司法沒有威信，國家就衰弱了；國家一旦衰弱，諸侯就來攻打趙國；趙國如果不存在了，閣下怎麼可能保有這些財富呢？」

名句的故事

趙奢擔任趙國的稅官。平原君家不肯繳田賦，趙奢依法辦理，殺了九位平原君的家臣。平原君光火，要殺趙奢，趙奢就為平原君分析上述的道理。

趙奢同時還做了一番正向論述：「以閣下地位之尊貴，如能奉公守法的話，司法的公平就得以維持，司法公正則國家強盛，國家強盛則趙國在諸侯當中就得以揚眉吐氣。而閣下是趙國的王室貴戚，在國際間的地位也就高了。」

平原君認為趙奢說得很有道理，就向趙王推

薦這名人才。趙王先用趙奢掌管財賦，後來趙奢更成為一代名將。

歷久彌新說名句

《左傳》非常有名的一個故事「曹劌論戰」（名句「一鼓作氣，再而衰，三而竭」）當中，曹劌問魯莊公「魯國憑什麼與齊國作戰」？莊公先說「衣食與人民分享」，曹劌說那只是「小惠」；莊公又說「不輕易增加國庫支出」，曹劌說那只是「小信」。最後莊公說「司法一定力求公正」，曹劌乃認為「可以一戰」。果然在長勺一戰，擊敗齊軍。

這個故事是「奉公守法則上下平，上下平則國強」的印證。但司法公正不是一朝一夕的事情，不能等到敵人兵臨城下才來講求司法公正，對敵交戰才後悔過去不能維護司法正義也為時已晚。只有像趙奢這樣的人才，在國家太平時就提出「法削則國弱」的警告，且有平原君這種明理的執政者，方能維護司法威信，而厚植國家的戰力。

名句可以這樣用

諸葛亮治蜀名言「我心如秤，不可為人做輕重」，正是深刻體會「法削則國弱」的道理。

然而，當國家處於非常時期，就不適用太平盛世的原則。「治亂世用重典」、「治亂民如治亂繩」等名句就是非常時期的作法。但即使是非常時期，公平仍是維持司法威信的最重要元素，嚴苛而不公平就是暴政。

廷尉，天下之平也

名句的誕生

釋之曰：「法者，天下公共[1]也。今法如是[2]，更[3]重之，是法不信於民也。且方其時，上使使[4]誅之則已。今已下廷尉，廷尉，天下之平也。一傾[5]，天下用法皆為之輕重[6]，民安所錯[7]其手足！」

～〈漢書〉

完全讀懂名句

1. 公共：共同遵守。
2. 如是：如此規定。
3. 更：變動、更改。
4. 使使：前一個「使」為動詞，後一個「使」為名詞。使使：派使者。
5. 一傾：一旦傾斜（失去公平）。
6. 為之輕重：想輕就輕，想重就重。
7. 錯：同「措」，安置。

語譯：張釋之說：「法律是天下人共同遵守的（包括天子）。現行法令規定如此，如果加重處罰，將使人民失去對法律的信任。況且，當時若皇上派人將他殺了，也就罷了。如今既然發交廷尉（相當於今日的法務部）治罪，廷尉必須維持全國的司法公平，一旦有所傾斜，全天下的司法官將隨己意減輕或加重刑罰，那樣的話，人民連手腳該怎麼放置都沒準了。」

名句的故事

漢朝在歷史上出最多良吏，其中最為後世稱道的最高司法首長就是張釋之，民間稱頌「張釋之為廷尉，天下無冤民」。而他之所以受人稱頌，就是秉持公正公平，也就是這一句「廷尉，天下之平也」。

事件的起因是：漢文帝車駕經過中渭橋。有一個人從橋下跑出來，皇帝乘輿的馬受到驚嚇，於是侍衛逮捕此人，交付廷尉治罪。

張釋之依當時律令判決：「此人逾越了天子出巡時的戒嚴區，罪當罰金（四兩）。」漢文帝聞奏發怒：「此人驚嚇到我的馬。幸虧馬的性情溫和，如果換作別的馬，豈不是要害我受傷？你身為最高司法官，卻只判他罰金！」（言下之意是：你不想幹啦？）

張釋之面對盛怒的皇帝，說出前述那番大道理。漢文帝聞言，沉吟良久，說：「廷尉就該這樣（堅持公平用法的原則）。」

歷久彌新說名句

漢朝雖多良吏，但是也出了一些酷吏，其中最「酷」的是杜周。杜周揣摩漢武帝的心意，深陷皇帝不喜歡的人，寬縱皇帝喜歡的人。

有人問杜周：「你擔任廷尉，怎麼可以不遵循法令判罪？」杜周說：「法律怎麼來的？還不是皇帝訂的？何必拘泥法條？」

漢武帝是一位威權至重的君主。正由於他擁有絕對的權威，因而司法官不敢違逆皇帝的意志，卻因此傷害了司法的公正性，也成為漢武帝做為一位偉大帝王的一個汙點。

名句可以這樣用

同樣的意思，用今日的語言說，就是「司法是社會正義的最後堡壘」。而古今不變的道理是司法一定要公平公正，司法一旦發生傾斜，社會就要亂了。

勿以惡小而為之，勿以善小而不為

名句的誕生

漢主[1]又為詔敕太子[2]曰：「人五十不稱夭[3]，吾年已六十有餘，何所復恨[4]，但以卿[2]兄弟為念耳。勉之，勉之！勿以惡小而為之，勿以善小而不為。惟賢惟德可以服人，汝父德薄，不足效也。汝與丞相從事[5]，事[5]之如父。」

～〈魏紀〉

完全讀懂名句

1. 漢主：蜀漢昭烈帝劉備。
2. 太子：劉禪，即劉阿斗。後文「卿」也是指阿斗。
3. 夭：未成年而過世，謂之夭折。此處應為「短壽」之意。
4. 恨：遺憾。
5. 從事：追隨做事。下句「事」：事奉。

語譯：劉備以詔書（遺書）訓勉太子劉禪：「人活到五十歲就不算短壽了，我今年已經超過六十歲（劉備享年六十三歲），還有什麼遺憾？只有掛念你們兄弟而已。你們一定要努力呀！壞事不要認為很小就去做，好事不要認為很小而不做。擔任國君只有賢能與仁德可以讓人民與百官服膺。你的老爸我仁德不夠，不值得效法。你要跟著丞相（諸葛亮）學習執政，要像事奉父親一般對待丞相。」

名句的故事

這是劉備「白帝城託孤」的故事。

劉備征吳，被陸遜以火攻擊潰，退到白帝城，病重。臨終對諸葛亮說：「你的才能十倍於曹丕，必定能夠平定天下。我的兒子劉阿斗如果才堪輔佐，就請你輔佐他；如果他不是材料，請你自己取而代之。」

諸葛亮流著淚說：「臣敢不竭股肱之力，效忠貞之節，繼之以死。」（全心全意效忠，一直到死為止）

史學家胡三省注釋這一段：「自古以來臨終託孤的皇帝，沒有像劉備腦袋那麼清楚的。」

君主世襲的時代，改朝換代通常前朝末帝是要掉腦袋的，權臣篡位通常也要「斬草除根」的。劉備應該看準了諸葛亮不會篡位，但是天下沒有百分之百的事情，有如此一番對話，縱使日後有變，至少兒子的性命應該可以保住。

歷久彌新說名句

春秋時，齊桓公與管仲一同外出，路過郭公（郭國已亡）之墓。桓公問管仲：「郭公的施政作風如何？」管仲說：「郭公善善、惡惡。」（喜歡好人好事，討厭惡人惡事）桓公問：「善善、惡惡不對嗎？」管仲說：「善善而不能行，惡惡而不能去。」也就是說，郭公能明辨善惡，可是缺乏行動以揚善懲惡——正缺乏本名句的力行精神。

名句可以這樣用

劉備這兩句「勿以惡小而為之，勿以善小而不為」語意簡單，但卻蘊涵至高的力行哲學。俗話說「善惡到頭終有報」，重點仍在力行，若是只有善念、沒有善行，也不會有善報。

天子無戲言

名句的誕生

濟[1]至，帝[1]問以所聞所見，對曰：「未有他善，但見亡國之語耳。」帝忿然作色[2]而問其故，濟具以答，因曰：「夫『作威作福』書[3]之明誡。天子無戲言[4]，古人所慎；惟陛下察之！」帝即遣追取前詔。

～〈魏紀〉

完全讀懂名句

1. 濟：蔣濟。帝：魏文帝曹丕。當時曹丕徵召蔣濟到中央任官，所以蔣濟到京。
2. 作色：因生氣而變臉色。
3. 書：《書經》。
4. 戲言：隨口說話、開玩笑。

語譯：蔣濟向中央政府報到，魏文帝曹丕問他駐外時期有何見聞。蔣濟回答：「沒聽到什麼善事，只看到亡國之語。」曹丕氣得臉色都變了，問他什麼意思?蔣濟將所聞（事詳後文）具體回答，並且說：「那『作威作福』四字，是《書經》上明明白白的告誡之辭。身為天子不可以輕率措詞，是古人謹慎之道；希望陛下明察。」曹丕即刻派人追回之前發出的詔書。

名句的故事

曹丕篡漢，改國號為魏。以為從此可以貫徹自己的個人意志，於是有一連串的「超過」措施，包括這一件。

曹丕的祖父曹嵩是漢末十常侍之一曹騰的養子，本姓是夏侯，因此夏侯氏是皇室近親。曹丕即帝位後，詔賜征南將軍夏侯尚：「你是我最信任的重要將領，特此賦予你便宜行事的權力，你可以作威作福，有生殺大權。」夏侯尚得意地將詔書出示給蔣濟看，因而蔣濟到了中央，晉見皇帝時，當面提出諫言。

歷久彌新說名句

這段故事有兩個典故：

《書經・洪範》上說：「臣子不可作威作福。臣子若作威作福，會害到家族，甚至危害國家。」

《說苑・君道》周成王在公餘時間和弟弟姬虞玩耍，剪了一片梧桐葉當作玉圭，對弟弟說：「我以這個封你。」姬虞對周公說這事，周公請見成王，問：「天子封了虞嗎？」成王說：「那是我一時與他玩耍的。」周公說：「我聽說，天子無戲言。天子一言既出，史官要記載它，樂工要歌頌它，士大夫要宣揚它。」於是周成王封姬虞到唐國，稱為唐叔虞，成為後來晉國的祖先。

名句可以這樣用

同樣一句「天子無戲言」，周公要成王實踐所言，蔣濟進諫使得曹丕收回成命，但其中精神一致：國家領導人發言不可草率。此外，要強調說話應該謹慎，可用「一言既出，駟馬難追」。至於形容說話太快，則可用「話出如風」。

天與不取，悔不可追

名句的誕生

今日之事，百姓與能[1]；天與[2]不取，悔不可追。

～〈漢紀〉

完全讀懂名句

1. 與：追隨。與能：追隨有能者。
2. 與：給予。

語譯：當今（亂世）的遊戲規則，老百姓只會追隨有能力的人；（陶謙請劉備接徐州牧）上天給予的東西，一旦拒絕，以後將追悔不及。

名句的故事

禪讓政治只聽說過發生於上古（虞舜）時期。亂世群雄並起，只聽說爭得血流成河，沒聽說讓地盤給別人的。但是，三國初期那個群雄逐鹿的年代，的確發生過一起。

徐州牧陶謙病得很重，對別駕（州幕僚長）麋竺說：「我快死了。依我觀察，只有劉備可以保徐州平安。」陶謙嚥氣後，麋竺帶領州中父老迎接劉備。劉備謙讓說：「袁術近在壽春，閣下可以將徐州託付給他。」當時中原的形勢，袁紹、袁術兄弟聲勢最大，所以劉備不敢接，深怕得罪了近在咫尺的袁術。

然而，一些當時流亡在徐州（依附陶謙）的名士卻不這麼認為。典農校尉陳登說：「袁術驕傲奢侈，不是整頓亂世的領袖。我們將為閣下組織一支為數十萬人的步騎聯軍，進可以問鼎中原，退可以安民保境。」北海國相孔融說：「袁術不是憂國忘家的角色，遲早敗亡成為『塚中枯骨』，不必顧慮他，只要老百姓支持你就可以。反而若上天賜與卻不要，將來追悔不及。」於是劉備接下重任。

儘管如此，劉備並沒有守住徐州——在呂布和袁術夾殺之下，劉備仍失去了這塊上天賜與的根據地，繼續流亡，直到赤壁大戰之後。

名句可以這樣用

春秋時吳越相鬥，越王勾踐復國成功，吳王夫差請降，范蠡勸勾踐：「從前天以越賜吳，吳不取；如今天以吳賜越，怎可不要？天與弗取，反受其咎！」勾踐乃不接受投降，滅了吳國。

上句同樣是「天與不取」，吳越世仇故不取將有禍，劉備則是豪傑無地盤，故不取將後悔。

歷久彌新說名句

陶謙「讓徐州」是因為病況已無可挽回，但是以當時的遊戲規則，徐州牧的副手如管軍事的司馬、管政務的別駕，甚至流亡在徐州、有職銜無實職的知名之士，只要表現企圖心，徐州就是他的。因為，老百姓人心惶惶，只希望有個能人可以保境安民就可以了。所以，前文所謂「謙讓」，是指徐州這些人不爭，而讓給劉備。

本文故事也可以和「得主者昌，失主者亡」一章對照來看。陳登、孔融算是有智慧的人，看得出袁術不成氣候，而劉備必成大器。

得主者昌，失主者亡

名句的誕生

今天下大亂，英雄並起，必有命世[1]能息[2]天下之亂者，此智者所宜詳擇也。得主者昌，失主者亡。陳宮叛迎呂布……兵雖眾，終必無成。

～〈漢紀〉

完全讀懂名句

1. 命世：當世得天命之人。猶言「蓋世英才」。
2. 息：安定、平息。

語譯：如今天下大亂，群雄並起，最後一定會有一位蓋世英才平息天下之亂，這正是有智慧的人應該仔細選擇的：跟對領袖就前途光明，跟錯領袖將不免於敗亡。陳宮叛變去擁護呂布……眼前看起來兵馬雖多，但最後必定不會成功。

名句的故事

《三國演義》裡面，陳宮「捉放曹」後，發覺曹操是個殘忍自私的人，於是離開曹操，後來投奔呂布，隨呂布一同被曹操誅殺。

那是小說的寫法。正史裡面，陳宮是曹操任命留守東郡的方面大員，卻私下迎接呂布，立呂布為兗州牧。整個兗州都響應陳宮與呂布，只剩甄、范、東阿三城仍堅守曹操陣營。

當時甄城由荀彧駐守，東阿由程昱駐守，此二人皆曹操心腹。程昱去范城遊說守將靳允：「聽說呂布捉走你的母親、弟弟、妻子，對一位孝子而言，心情必定很沉重。然而，呂布不是塊料，終究不會成功，曹操才是那個能夠安定天下的人。所以，閣下務必守住范城，我則固守東阿（我們一同緊緊追隨曹操）。總比違背忠義，附從惡賊，最後母子俱亡好吧？閣下請仔細考慮。」靳允表示絕無二心，並埋伏兵士刺殺呂布派來的使者。

歷久彌新說名句

親人被敵軍俘虜，成為人質，該怎麼辦？這對任何人來說都是很嚴厲的試煉。

項羽挾持劉邦的父親，並且搭一個高臺，揚言要烹殺劉太公。只有劉邦這種梟雄忍得下心說出：「分我一杯羹。」很可能，劉邦算定了項羽自命英雄，不會做出烹殺這種事情，才敢這麼說。

趙苞忠心衛國，不顧母親生死，擊敗鮮卑軍之後，嘔血而死（參閱「有何面目立於天下」一章）。

徐庶的母親被曹操抓去。徐庶指著心口對劉備說：「原本想和將軍一同創立霸業，全靠這方寸之地。如今老母被扣，方寸亂矣，對閣下已無益，懇請讓我回去盡孝。」《三國演義》上寫徐母痛罵徐庶後自盡，徐庶則終身不為曹操獻策——正史上沒有這一段記載。

無論如何，都是很難做的決定。

名句可以這樣用

類似的句子「得人者昌，失人者亡」是針對打天下的老闆而言。本句「得主者昌，失主者亡」是針對夥計而言。意思和「亂世不唯君擇臣，臣亦擇君」一樣——選對老闆。

亂世之奸雄

名句的誕生

曹操往造[1]邵[2]而問之曰：「我何如人？」邵鄙[3]其為人，不答。操乃劫[4]之，邵曰：「子，治世之能臣，亂世之姦雄。」操大喜而去。

～〈漢紀〉

完全讀懂名句

1. 造：拜訪。用法如「造訪」。
2. 邵：許邵。參閱下文「名句的故事」。
3. 鄙：看不起。用法如「鄙視」。
4. 劫：威脅。

語譯：曹操去拜訪許邵，問：「我是什麼品級的人物？」許邵看不起曹操的為人，閉口不答。曹操威脅他（以兵器？），許邵才說：「你啊，在太平時是能幹的官吏，在亂世是奸雄。」曹操聽了大為高興，告辭而去。

名句的故事

曹操尚未嶄露頭角之前，只有喬玄和何顒兩人賞識他。喬玄對曹操說：「天下將要大亂，能夠安定天下的，就是閣下了！」何顒見了曹操，嘆口氣說：「漢朝即將滅亡，安定天下的必定是此人。」喬玄更鼓勵曹操：「閣下知名度不夠，可以去結交許邵。」

許邵以識人而聞名，每個月將當世人物做一次總評。被他評定等級高可以一夕成名，所以曹操去見許邵，而且不容許他不評。

也因此，「亂世奸雄」成了曹操的歷史論定。

歷久彌新說名句

在漢末年，李膺、郭泰等清流領袖可以讓人「登龍門」（參閱該章），到後來就演變為許邵這種「品人等級」的風氣。這種一言定人高下的風氣其實並不可取，因為它最終必然成為「圈內人遊戲」，例如互相標榜為「三君」、「八俊」、「八顧」、「八廚」等，有著高度的排他性。後來遂演變為以門第論人才的「九品中正」。

姑不論曹操的歷史功過與評價。許邵之所以「鄙其為人」，其實只因為曹操的父親是中常侍（大宦官）曹騰的養子。只因為知識分子自命清流，與宦官不共戴天，就否定一個傑出的年輕人。

而曹操對許邵的態度（劫之），正說明了曹操日後能夠削平群雄的人格特質——不與傳統社會價值妥協，稱得上是一位革命家。

名句可以這樣用

「姦」與「奸」原本是相通的。經過一千多年的演進，文字愈來愈多，也愈來愈專用。我們現在較通常的用法是：奸臣、奸雄用「奸」，作姦犯科則用「姦」。

天知地知你知我知

名句的誕生

（楊震）當之郡[1]，道經昌邑[1]。故[2]所舉荊州茂才[3]王密為昌邑令，夜懷金十斤以遺[4]震。震曰：「故人[5]知君，君不知故人，何也？」密曰：「暮夜無知者。」震曰：「天知地知，我知子知，何謂無知者！」密愧而出。

～〈漢紀〉

完全讀懂名句

1. 之，前往。之郡：楊震前往東萊郡（今山東掖縣）上任。昌邑：縣名，在今山東省。
2. 故：從前。
3. 茂才：有文學才華的人。東漢時推舉基層人才的名目之一。
4. 遺：音ㄨㄟˋ，致贈。
5. 故人：老朋友、舊識。

語譯：楊震前往東萊郡就任太守，路上經過昌邑縣。昌邑縣令王密當年是由於楊震的推薦才得以出來做官，於是夜晚身揣一百兩黃金到賓館致送程儀。楊震說：「老朋友（指自己）瞭解閣下（所以薦舉為官），閣下卻不瞭解老朋友（清廉不取），是何緣故？」（有責備之意）王密說：「天黑，沒有人知道。」楊震說：「天地知道，你我也知道，怎麼可以說沒有人知道！」王密慚愧退去。

名句的故事

楊震出身孤貧，史載他讀了很多書，且都能

讀通（通達博覽），當時學術界稱他「關西孔子楊伯起」（伯起是他的字）。這麼一位有學問的人，就是不愛做官，屢次謝絕州郡官員的延聘，直到五十多歲才接受朝廷徵召，出任荊州刺史。而王密就是他在荊州任內薦舉的在地人才。

楊震為官公正清廉，他的家中晚輩經常只吃蔬菜、出門步行（不食魚肉、行不車騎）。許多門生故舊建議他置田產，楊震都不答應，說：「讓我的後世被人們稱為清官的子孫，留這個（美名）給他們，難道還不夠多嗎？」

歷久彌新說名句

清官可貴，清官而能傳衍家風尤為可貴。楊震說要留給後代一個「清白吏子孫」的美名，事實證明他不是沽名釣譽，是真正力行。

楊震的孫子楊賜也很有學問，年輕時也婉辭政府徵召，直到中年以後才出來做官，而且一再受到朝廷重用。漢靈帝封他為臨晉侯，楊賜上書「侍講共有劉寬、張濟和自己三人，不宜獨受封賞，願分戶邑於劉、張二人」。皇帝為之讚歎，於是再封劉寬和張濟的兒子（張濟過世）為侯爵。

名句可以這樣用

再怎麼機密的事情，至少當事人一定知道。更何況「隔牆有耳，草中有人」（章回小說常用句），所以說「若要人不知，除非己莫為」。然而，怕出事而不貪汙，終屬消極被動，不如立身正己的清廉原則。事實上，所謂「天知地知」指的是良知，而「你知我知」指的是「別以為沒人知道」。

水清無大魚

名句的誕生

塞外吏士本非孝子順孫，皆以罪過徙補邊屯；而蠻夷懷鳥獸之心[1]，難養[2]易敗[2]。今君性嚴急，水清無大魚，察政[3]不得下和[4]。宜蕩佚[5]簡易[6]，寬[7]小過，總[8]大綱而已。

～〈漢紀〉

完全讀懂名句

1. 鳥獸之心：有兩層意思，一是心思與漢人相異，二是眾心不一如鳥獸相異。
2. 養：收。敗：散。
3. 察政：施政查察為明。
4. 下和：與下層的人相處和諧。
5. 蕩佚：猶言「睜隻眼，閉隻眼」、「眼不見為淨」。
6. 簡易：不挑剔細節。
7. 寬：寬容。
8. 總：掌握。

語譯：來到塞外的小公務員和士兵原本都不是良家順民，大部分是犯了罪，以屯邊為交換自由的條件；而西域本地的各部族則各懷心思，很難團結一致，卻很容易一哄而散。閣下的性格嚴厲急切，應明白「水太清就不會有大魚」的道理，太嚴格細密的管理只會失去下層的人和。建議你凡事睜隻眼閉隻眼，寬容小過失，抓大綱就可以了。

名句的故事

班超駐在西域三十多年，年紀大了，思念故

鄉，上書請求回國，言辭哀切：「臣不敢望到酒泉郡，但願生入玉門關。」漢和帝批准了，班超八月回到洛陽，九月就去世。

班超的接班人任尚請他傳授治理西域的祕訣，班超給了前述的建議。任尚對親信說：「我以為班大人一定有什麼奇策，聽他所言，不過平平。」

很遺憾，班超不幸言中。任尚後來失去西域諸國的支持，西域陷入亂戰局面。漢朝召回任尚，且自此失去西域。

歷久彌新說名句

漢民族處理塞外游牧民族「南下牧馬」（入侵劫掠）的問題，出過不少名將。西漢兩位：李廣主寬，程不識主嚴；唐朝兩位：郭子儀主寬，李光弼主嚴，各自都獲得輝煌的戰果。

事實上，由於地處國境之外，在人家的土地上，班超還不能像上述四位名將那樣，事事都照自己的想法來。必須視情勢變化而做策略調整，他給任尚的建議乃只能是原則性的，無法做細處說明，此所以聽來「平平」，其實蘊涵很深的人生哲理。

名句可以這樣用

《孔子家語》的名句：「水至清則無魚，人至察則無疑（太精明則人不願追隨）。」班超應該是引申孔子的話。另外有一句俗話「渾水好摸魚」則是本句的逆思考：水清無魚，水渾則有機會；水清則魚兒也看見人，不好下手，水渾就容易多了。同理，長官頭腦清楚，屬下就不好「摸魚」了。而班超的意思是：在西域，要讓下面有「摸魚」的空間（小人物有點小魚可摸，就不會造反），否則就帶不動了。此外，如果主觀想要「摸魚」，將清水「攪渾」不失為好方法。

車如流水，馬如游龍

名句的誕生

前過濯龍[1]門上，見外家[2]問起居者，車如流水，馬如游龍。倉頭[3]衣綠褠[4]，領袖[5]正白，顧視御者，不及遠矣。故不加譴怒，但絕[6]歲用而已。冀[7]以默愧其心；猶懈怠無憂國忘家之慮。知臣莫若君，況親屬乎！

～〈漢紀〉

完全讀懂名句

1. 濯龍：園名。
2. 外家：皇后、太后娘家。
3. 倉頭：黑幘包頭，僕人裝束。意指僕人，一般多作「蒼頭」。
4. 褠：臂衣。猶今日之工作袖套。
5. 領袖：衣領與袖口。
6. 絕：減少。
7. 冀：期待。用法如「冀望」。

語譯：（馬太后說）我之前曾經過濯龍門口，看見到我娘家串門子的賓客，車如流水、馬如游龍。娘家的僕人都穿著綠色的袖套（怕衣服弄髒），衣領和袖口都是白的（不勞動）。回頭看我自己的駕車人（太后隨從），遠遠不及。然而我並未譴責娘家人，只有減少他們的年度俸祿而已。本來期待他們會深自反省，但是仍然懈怠，沒有憂國忘家的覺悟。知臣莫若君，更何況對自己的娘家親屬！

名句的故事

漢明帝的皇后、漢章弟的母親（馬援的女兒）

當了太后，馬屁集團提出要封諸國舅為侯爵，但馬太后堅持不准，並且舉出她娘家兄弟的「不良表現」，以杜絕馬屁集團的念頭。

前述文字是她所下詔書中的一段，詔書中另有兩個重點：一、我身為天下人最高位的母親，只穿素色衣服，飲食不求高級食材，左右也只穿普通帛布，為的是做天下的表率；二、我豈可重蹈西漢外戚（干政後）敗亡的覆轍！

易言之，東漢「明章之治」的最佳見證，就是這位馬皇后、馬太后。

歷久彌新說名句

五代十國南唐李後主（李煜）的詞〈憶江南〉：

多少恨，昨夜夢魂中。
還似舊時遊上苑，車如流水馬如龍。
花月正春風。

李後主的文學才華絕世，詞句流傳千年。但是做為一個國君，卻坐錯了位置。他亡國前耽於享樂，亡國後緬懷舊情，毫無反省。

他既然寫得出「車如流水馬如龍」，顯然也讀過這一段歷史，應該知道馬太后所言，其實是譴責「奢靡誤國」。但是，李後主完全沒有反省，活該他成為亡國之君。

名句可以這樣用

本句的簡縮版是四字成語「車水馬龍」，用於形容交通繁忙之處，或繁榮之商業區。然而，四字成語的「視覺效果」比起原句八字，差得太遠了。

不能流芳百世，亦當遺臭萬年

名句的誕生

大司馬溫[1]恃其材略位望，陰蓄[2]不臣之志，嘗撫枕曰：「男子不能流芳百世，亦當遺臭萬年。」

～〈晉紀〉

完全讀懂名句

1. 溫：桓溫。
2. 陰：暗中。蓄：養。

語譯：東晉大司馬桓溫依恃他本人的才能、謀略、地位與聲望都已達到頂點，暗中計畫搞政變，曾經摸著枕頭說：「男子漢大丈夫若不能流芳百世，也應該遺臭萬年（意指篡位之惡名）。」

名句的故事

桓溫手握東晉軍政大權，滅燕、平蜀，更一度打到洛陽，可惜功虧一簣，枋頭一役慘敗給苻堅，回師南方，心情鬱悶。於是有人勸他搞政變，自己當皇帝，以「建不世之勳」。

桓溫摸著枕頭說的話，《資治通鑑》只錄了下半，上半是（語譯）「像這樣平淡度過餘生，豈不被司馬昭者流譏笑？」

桓溫的意思是：若不能奮取政權，就不如司馬昭。事實上，司馬昭並沒有篡位，篡位的是他的兒子司馬炎。然而，桓溫的表現卻差司馬昭太遠、太遠。

桓溫想要學曹丕、司馬炎，搞一齣「禪讓」的戲碼。第一步是先廢掉小皇帝司馬奕，改立司馬昱（東晉簡文帝）。然後，一再逼簡文帝下詔誅殺親王與大臣。

簡文帝有一次親筆寫信（下詔）給桓溫：「如果晉朝的國祚還能延續，請你手下留情；如果到此為止，那我請求避開你的上進之路（讓位）。」

好了，傀儡皇帝都識相地表態了，桓溫卻缺乏EQ承受這項「攤牌」——讀手詔時「流汗變色」。結果，直到簡文帝駕崩（在位一年多），桓溫都不敢有動作。等他下定決心，帶兵入京，謝安等大臣已經擁立太子司馬曜繼位（孝武帝）。桓溫最終雖然篡位不成，卻還是在歷史上遺臭萬年。

歷久彌新說名句

清太宗皇太極駕崩，世祖福臨繼位，才六歲，由叔父多爾袞攝政。多爾袞率八旗勁旅入關，取得中國政權，福臨稱呼他為「皇父攝政王」，個人聲威凌駕小皇帝之上。滿族親貴有很多人對他「勸進」，多爾袞乃召集諸王、貝勒、公爵、大臣，說：「當年太宗崩逝時，嗣君未立，好幾位親王跪著請我即大位，我都以死固辭。如今你們還想試試我的決心嗎？從現在起，再有人對皇上不敬，絕不寬宥。」

多爾袞死後，神主入祀太廟，追尊為「成宗義皇帝」。但是隔年就宣布他有罪，追回謚號、撤出太廟。留給後人的是與孝莊太后（大玉兒）之間的種種傳說。

名句可以這樣用

由多爾袞的故事知道，想流芳百世還真難；由桓溫的故事知道，要遺臭萬年卻很容易。

朝聞道，夕死可矣

名句的誕生

（臣下建議稱王、稱帝兩派）壽[1]命筮[2]之，占者曰：「可數年天子。」調[3]喜曰：「一日尚足，況數年乎！」思明[4]曰：「數年天子，孰與百世諸侯？」壽曰：「朝聞道，夕死可矣！」遂即帝位。

～〈晉紀〉

完全讀懂名句

1. 壽：李壽，成漢（十六國之一）國君。
2. 筮：用蓍草卜卦（用龜甲卜卦為「占」）。
3. 調：即任調，為「稱帝派」大臣。
4. 思明：即解思明，為「稱王派」大臣。

語譯：五胡十六國之一，割據四川的軍閥李雄建立的國號為「成」。李雄死後，諸子相爭，結果政權落到堂兄弟李壽手中。臣下主張稱王（奉晉正朔）與稱帝兩派相持不下。

李壽命算命師卜卦，算命師說：「可以有幾年的天子命。」任調很高興地說：「一天都夠了，何況可以當好幾年。」解思明說：「才當幾年天子，哪比得上代代相傳當諸侯？」李壽裁決：「早上得聞大道，晚上死了也甘願。」於是登基稱帝（改國號為「漢」，史稱益州李氏為「成漢」）。

名句的故事

李壽和同時期的石虎正好是亂世一對寶。石虎動員十數萬老百姓在鄴都興築宮殿，大臣連番上疏「天象示警」，石虎大怒說：「只要宮苑建成，早上完成，我晚上就死，也沒有遺憾！」下令主事官員在夜間點燃蠟燭趕工——兩者的心態完全一致。

李壽則羨慕石虎以刑殺統御臣下成功，才能為所欲為。所以他也實施恐怖統治，「人有小過，輒殺以立威」，同時更動員老百姓大修宮室。

（石虎暴政請參閱「良臣如猛虎」一章）

歷久彌新說名句

清初「三藩之亂」。吳三桂起兵時，尚打著「反清復明」的旗號，揚言擁立「崇禎帝之三太子」，但又建國號為「周」，而非「明」。

事實上，當初吳三桂在剿滅李自成之後，一路追到緬甸境內，將明朝的桂王抓回昆明城絞死。所以，漢人認定他是漢奸，根本不支持他的「反清復明」行動。

終於，在軍事形勢轉趨惡劣之後，吳三桂決意「稱帝」，五個月後「崩逝」——只過了不到半年的皇帝癮，堪與李壽相互輝映。

另外五胡十六國時期有一個流民集團首領王始，集結了數萬群眾，自稱太平皇帝，設立三公、百官。後來被南燕剿平，綁赴刑場時，還口稱老爸是「太上皇」，妻子是「皇后」，從容「駕崩」——死也要擺出皇帝架子。

名句可以這樣用

「朝聞道，夕死可矣」原句出自《論語》。孔子若地下有知，曉得他的名言被如此誤用，恐怕也只能感嘆「朽木不可雕也」！

年在天，位在人

名句的誕生

年在天，位在人[1]。脩[2]己而天不與者，命也；守道而人不知者，性[3]也；自有性命，無勞蓍龜[4]。

～〈晉紀〉

完全讀懂名句

1. 位在人：官位高低決定在別人。
2. 脩：同「修」。
3. 性：性格、個性。
4. 蓍龜：古人以蓍草與龜甲占卜。此處指占卦。

語譯：壽命多長看老天，官位多高看自己。修行自身而老天不給，那是命；堅守原則而人們不了解，那是個性。我自有我的命運和個性，不需要求神問卦。

名句的故事

這段故事的主人翁顏含，是東晉一位元老重臣。當時有個精於卜卦的名士郭樸表示要為顏含卜一卦，顏含就說了前述那一番話。

顏含所謂「位在人」，意思是官位是別人給的，要堅守原則而屈居下位，還是拍馬屁逢迎高層以爭取高位，就看每個人的原則與個性了。

至於顏含又如何「自修與守道」呢？

王導是東晉成立的推手，王家勢力龐大，諺語說「王與馬，共天下」，意謂王氏與司馬氏共同治理東晉。於是有官員提議「百官見到王導，應行『降』禮」，也就是向王導下拜。太常（掌禮儀）馮懷詢問顏含的意見，顏含說：「我老了，不懂新世代的事物。」之後，對別人說：「我曾經聽說過『伐國不問仁人』這句話，馮懷居然來問我有關拍馬屁的事情，難道是我的德行有虧嗎？」——不附和搖尾集團，而堅守正道就是「守道」，不批評別人狗腿，而自我檢討就是「自修」。

歷久彌新說名句

前文顏含說的那一句「伐國不問仁人」又有典故：

春秋魯國有一位賢大夫展禽，也就是「坐懷不亂」的那位君子柳下惠（他的食邑在「柳下」，死後諡「惠」）。一次國君問他：「我想要攻打齊國，你的意見怎樣？」柳下惠說：「我不贊成。」回到家，面有憂色說：「我聽說過『伐國不問仁人』（發動戰爭不徵詢仁者的意見），國君怎麼會來問我意見呢（難道我不是仁人嗎）？」

孟子稱柳下惠為「聖之和者」，因他是只要求自己、不批評別人的人。顏含顯然是以柳下惠為效法榜樣。

名句可以這樣用

請參閱「窮達有命，吉凶由人」一章，推敲兩句以及「死生有命，富貴在天」的異同之處。

百戰百勝而無尺寸之功

名句的誕生

將軍用兵如神，所向無敵，所以周流[1]天下而無容足之地[2]，百戰百勝而無尺寸之功[2]者，蓋得主[3]則為義兵，附逆則為賊眾故也。成敗之數[4]，有似呼吸，吹之則寒，噓[5]之則溫。今相授侍中、車騎大將軍、領護匈奴中郎將、襄城郡公，將軍其受之。

～〈晉紀〉

完全讀懂名句

1. 周：全。流：移動。周流：行遍。
2. 容足之地、尺寸之功：指封侯，擁有地盤。
3. 得主：遇到英明的領導人。
4. 數：天數、天命。
5. 噓：呵。自口中送出暖氣。

語譯：將軍用兵如神，所向無敵，可是打遍天下卻始終沒有得到一塊封土。原因就在於：上遇明主就是義軍，依附叛逆就是賊兵。成功與失敗的玄機，好比人的呼吸，吹它就寒冷，呵它就溫暖。現在我代表晉帝國授予你侍中、車騎大將軍，兼護匈奴中郎將，封襄城郡公爵。請將軍接受。

名句的故事

西晉八王之亂搞垮了國家，匈奴族劉淵建立的「漢王國」（亦稱前趙、漢趙）崛起。劉淵死，子劉聰繼位，派弟弟劉曜、大將王彌、石勒等率領大軍攻進洛陽，俘虜晉懷帝，史稱

「永嘉之禍」。

北方仍有戰力的軍隊只剩并州刺史劉琨在西北地區招撫流亡。劉琨得知劉曜、王彌與石勒之間有矛盾心結，乃意圖利用他們之間的矛盾，予以分化。

石勒是羯族，年輕時被人捉去賣為奴隸，與母親王氏失散。劉琨找到王氏，將她送到石勒處，同時帶一封信給石勒，本文就是信的內容。意思則很明顯：匈奴人小氣，不封你爵位。我代表晉帝國「呵」你，封你公爵。

石勒若接受，就等於「易幟」。可是形勢比人強，石勒沒有接受。但仍致贈劉琨名馬、珍寶，以表達謝意。

歷久彌新說名句

漢高祖劉邦得天下後，問諸將：「我為何得天下？項羽為何失天下？」王陵說：「陛下派人攻城掠地，凡攻下的地方就封給功臣，這是與天下人同利，所以得天下。項羽戰勝而不予人功，得地而不予人利，所以失天下。」

劉邦說王陵「只知其一，未知其二」，分析自己得天下是因為能任用蕭何、張良、韓信。然而王陵分析項羽的失敗原因卻很正確——亂世英雄豪傑為了什麼要追隨起義領袖？還不是拚一個「馬上封侯」嗎？

劉琨抓到了要點。石勒雖未靠向晉，卻在劉聰死後自立為趙王（後趙）。

名句可以這樣用

西漢「飛將軍」李廣也是百戰百勝的名戰，但是他生平最遺憾的就是「無尺寸之功得以封侯」（《史記》）。

良藥苦口，唯病者能甘之；忠言逆耳，唯達者能受之

名句的誕生

大王[1]宜深以魯王[2]為戒，改易其行[3]，戰戰兢兢，禮盡朝廷，如此則無求不得。……夫良藥苦口，唯病者能甘之；忠言逆耳，唯達者[4]能受之。今者恪[5]等慺慺[6]，欲為大王除危殆於萌芽，廣[7]福慶之基原[8]，是以不自知言至[9]，願蒙三思！

~〈魏紀〉

完全讀懂名句

1. 大王：孫權之子孫奮，封齊王。
2. 魯王：孫權之子孫霸，因與太子孫和爭位被賜死。
3. 其行：本身的行為。
4. 達：通達。達者：思想透徹之人。
5. 恪：諸葛恪，吳國大將軍、太傅。
6. 慺慺：恭謹的樣子。
7. 廣：擴大。
8. 基原：基礎。
9. 言至：話說到極致。

語譯：大王應該切記魯王（被賜死）的教訓，改正自己的行為，戰戰兢兢對朝廷盡臣子之禮。若能這樣，您的每一項要求都可以實現。……良藥苦口，只有生病的人心甘情願服下；忠言逆耳，只有想通了的人能接受。如今我諸葛恪等人希望能為大王將危機在萌芽之初就除去，並且擴大大王子子孫孫的福祉基礎，因而把話說到了極點，請大王三思！

名句的故事

吳大帝孫權晚年，在嗣君一事上的決策，一再失誤。先是立太子孫和，卻又想要易儲，於是魯王孫霸結黨爭儲，與太子黨兩敗俱傷：太子被廢為庶人，魯王被賜死，雙方黨羽皆受到貶斥，包括功勛蓋世的大將軍陸遜在內——吳國精英大半退出政府。

後來，孫權中風，想要召回廢太子孫和，因身體已不行，而沒有實現。新的太子孫亮才十歲，在孫權死後即位，由大將軍、太傅諸葛恪主掌政軍。

諸葛恪不想讓諸王繼續佔長江的重鎮擁重兵，於是將齊王孫奮遷到豫章（今江西南昌）、琅邪王孫休遷到丹陽（今安徽宣城）。孫奮不肯遷移，諸葛恪就寫了一封「忠言逆耳」的信給他，信中文字說是良藥苦口，但意思卻是十足威脅。孫奮見信，大為緊張，於是遷到豫章。

歷久彌新說名句

「良藥苦口利於病，忠言逆耳利於行」是樊噲勸諫劉邦的話——劉邦入關，見到秦皇宮中有各種珍奇異寶與美女，流連其中。樊噲勸他趕快回到霸上軍營，劉邦聽後頓悟（想通了，達者能受），立即退出秦宮，封起府庫，等待項羽大軍到來——也是「除危殆於萌芽」。

名句可以這樣用

成語「苦口婆心」意思是費盡唇舌勸告他人。「苦口」即暗嵌「良藥」，也有忠言逆耳的意思；「婆心」意指如女性長輩般慈愛之心。

止謗莫如自修

名句的誕生

人或毀[1]己，當退而求[2]之於身[3]。若己有可毀之行，則彼言當矣；若己無可毀之行，則彼言妄矣。當則無怨於彼，妄則無害於身，又何反報焉！諺曰：「救寒莫如重裘，止謗莫如自脩[4]。」斯言信矣。

～〈魏紀〉

完全讀懂名句

1. 毀：同「譭」。誹謗、詆譭、惡意批評。
2. 求：檢討、反省。用法同「反求諸己」。
3. 身：自身、自己。
4. 脩：同「修」。

語譯：如果有人批評我，就應回頭自我檢討：如果自己的確行為可議，那麼對方講的是對的；如果自己行為端正，則對方講的是「妄語」。他說對了，我不能怨他；他亂講，對我沒有傷害，那又何必報復呢？俗話說：「防止寒冷最好是穿上厚重的皮衣，防止誹謗最好是反省自修。」這句話說得真對啊！

名句的故事

魏明帝下詔：所有公卿每人推薦一位「才德兼備」的賢才（這是曹操留下來的良好傳統，曹丕、曹叡都師法父、祖，魏國人才之盛乃能始終優於吳、蜀）。

司馬懿推薦的是太原人王昶。王昶為人謹慎厚重，一再寫信告誡子侄不求倖進，佳句包括：「物速成則疾亡，晚就而善終。朝華之草，夕而零落；松柏之茂，隆寒不衰。」

本文也是摘自他告誡子侄的家書，希望家族中晚輩不要太在乎旁人毀譽，因為「毀譽者，愛惡之原而禍福之機也」：與他人爭口舌最無益處，嘴巴上即使贏了，卻可能引發禍端。

歷久彌新說名句

周厲王暴虐奢侈，國人對他有諸多怨言。召公勸諫，厲王惱羞成怒，誰敢批評時政則殺之。結果，人民不敢開口，走在路上只敢用目光相示意。

周厲王這下子得意了，對召公說：「我能消弭謗言了，現在沒人敢批評時政。」召公說：「防民之口，甚於防水。水如果壅塞不得宣洩，一旦潰決，必定造成重大災害，人民也是一樣。所以，治水一定要疏濬使流入河道，治民一定要讓輿論有發表的空間與管道。」

厲王不聽，繼續加緊箝制人民之口，三年後，各地相率造反，攻擊厲王，厲王出奔。

周厲王顯然完全不懂什麼叫作「止謗莫如自修」。

名句可以這樣用

「止謗莫如自修」如果只是消極的「唾面自乾」式的個人修養，不啻姑息養奸。然而，「止謗莫如自修」可以做積極定義：自己的行為端正得到輿論肯定，那麼，他人的無中生有、惡意誹謗（妄言）將不致動搖我的正直形象。

人君不親小事

名句的誕生

臣聞人君不親[1]小事，使百官有司各任其職。故舜命九賢[2]，則無所用心[3]，不下廟堂[4]而天下治也。故賢人所在，折衝[5]萬里，信[6]國家之利器[7]，崇替[8]之所由也。

～〈魏紀〉

完全讀懂名句

1. 親：親自處理。
2. 九賢：舜任命「九官」，九位高級官員都是一時之選。九官的分工也是最早的政府組織分工架構。
3. 用心：此處作「操心」解。
4. 廟堂：宮殿。
5. 折衝：本意是「拒敵制勝」，後來多用於外交方面。
6. 信：實在是、實為。
7. 利器：本意是「鋒利的兵刃」，此處作「有用的人才」解。
8. 崇：興盛。替：改朝換代。崇替：猶言「興替」。

語譯：我聽說：君王不親自處理小事，只要讓百官和各主管機關都能盡職就好了。此所以古時候舜任命了九官，就不必再為國事操心，不必走出宮殿就讓天下大治。所以說，只要政府中是好人當道，就能決勝於萬里之處。賢才實在是國家的瑰寶，一個國家是興盛還是衰敗，就看能不能任用人才。

名句的故事

孫權在三國中最後一個稱帝，封兒子孫登為太子，尚書與九卿等政府要員都隨太子駐節武昌，並由上大將軍陸遜輔佐太子。孫登寫信給兩陵都督步騭，向他請益，步騭回信中除了報告及分析荊州情況之外，同時提出本文的評言。

為什麼說是「評言」？因為孫登身邊的太子左輔諸葛恪、太子右弼張休、輔正顧譚、翼正都尉陳表等四人，都是有聲名但卻華而不實的角色。步騭是老臣，不好指名道姓，只好婉轉地勸太子「親賢臣，遠小人」。所言「人君不親小事」，是希望太子不多管事，那四位「太子黨」也就不好插手政務了。

歷久彌新說名句

「人君不親小事」除了讓政府各機關與百官能夠達成授權分工之外，還有一個重要功能就是「事成則君收其功，規敗則臣任其罪」，這是帝王專制時代維持政權穩定的一個祕訣。

而步騭所說「人才是國家興衰的檢驗標準」，《韓非子》說得更清楚：「下君忌己之能，中君盡人之力，上君盡人之智。」

名句可以這樣用

相近的名句是「治大者不治細」，意思是想做大事的人不能太注意細節，太注重細節就容易因而失去大方向。

苟能識人，何患無才

100

攀龍鱗，附鳳翼

名句的誕生

天下士大夫捐[1]親戚，棄土壤[2]，從大王於矢石之間者，其計[3]固望攀龍鱗，附鳳翼，以成其所志耳。今大王留時[4]逆眾，不正號位，純[5]恐士大夫絕計窮，則有去歸之思，無為久自苦也。大眾一散，難可復合。

～〈漢紀〉

完全讀懂名句

1. 捐：棄也，用法如捐棄、功不唐捐。
2. 土壤：田地。
3. 計：算計、目標。
4. 留時：拖延時日。
5. 純：發言者耿純自稱。

語譯：（耿純向劉秀勸進稱帝）天下的知識分子拋棄他們的親人、土地，追隨大王征戰四方，為的是能夠攀龍附鳳，成就一番事業。如今大王（劉秀當時是蕭王）拖延時日，違背眾意，遲遲不決定稱帝。我擔心士大夫因為期待落空（主子不稱帝，部下就不能裂土封侯），會產生「不如歸去」的念頭，不願再留下來吃苦打拚。要知道，人馬一散，可就難以再聚集嘍！

名句的故事

王莽滅亡，更始稱帝。可是更始政權倒行逆施，人心都傾向蕭王劉秀。劉秀的軍事一再傳來捷報，諸將先後勸進，劉秀始終不同意。

直到耿純這一番話，點出「你不想當皇帝，ＯＫ，可是那麼多追隨你的人想的是裂土封侯，他們的夢想一旦破滅，個個回家耕田，你怎麼辦？」劉秀這才答應「我想一想」。

劉秀又「拗」了一段時間，大將馮異來說：「更始政權已經撐不住（三王反叛、赤眉逼近長安），天下的寄望都在大王一人，請接受眾人建議。」再加上一位江湖術士帶來「赤伏符」，預言劉秀當在今年稱帝。於是劉秀即帝位。

歷久彌新說名句

起義造反該不該稱帝、何時稱帝？對歷史上每一個起義軍的首領而言，都是一門課題。

有妄自尊大者，才起兵就稱帝，不知天高地厚，更不懂順天應人，往往旋起旋滅。

明太祖朱元璋攻下南京，劉伯溫勸他「高築牆、廣積糧、緩稱王」。就是軍事勝利還得等待人心歸附，稱帝才能實至名歸。

劉秀當時顧慮的，是更始皇帝還在，不想落一個叛逆的罪名。事實上，劉秀麾下諸將都已經騎虎難下，怎麼可能解甲歸田（你放下武器，敵人可不放過你）？

名句可以這樣用

這一句名言，如今已簡化成「攀龍附鳳」，或更簡化為「攀附」，但是兩者都有「走捷徑」的貶意在內。然而，原典的「攀龍鱗，附鳳翼」可是要追隨領袖一同冒生命危險的哩！

如果要降低貶意，可以用「攀龍附翼」或「攀龍附驥」，是比較中性的用法，單純是「追隨領袖」的意思。

苟能識人，何患無才

名句的誕生

上[1]笑而諭[2]之曰：「何世無才，患人不能識之耳。苟能識之，何患無人[3]！夫所謂才[3]者，猶有用之器也，有才而不肯盡用，與無才同，不殺何施[4]！」

～〈漢紀〉

完全讀懂名句

1. 上：漢武帝。
2. 諭：解釋、說明。
3. 此兩處「人」、「才」都是人才的意思，為行文避免重複。
4. 施：用法同「為」。不殺何施：不殺掉留著幹嘛！

語譯：漢武帝笑著對汲黯解釋：「哪個時代沒有人才，就怕領導人沒有識人之明。只要能有識人之明，哪需要擔心沒有人才可用？所謂人才，好比有用的器具，有才能而不肯盡心盡力為國家做事，就跟沒有才能一樣，不殺掉留著幹嘛！」

名句的故事

其實漢武帝是狡辯，但是面對憨直剛正的汲黯，漢武帝已經學會了不生氣，所以「笑而諭之」。

事情的原因是：漢武帝對臣子的要求很嚴。如果有所欺罔，或犯了小錯，動輒殺頭。汲黯進諫：「陛下向四方求賢非常積極，可是人才進了政府，還沒有完全施展才能，往往就被殺掉了。天下人才有限，陛下恣意誅殺卻無止盡，我唯恐天下人才都殺光了，陛下要跟誰一同治理天下呢？」

汲黯進言時，帶著怒氣；漢武帝則笑著回答。事實上，由武帝話中已可見到，臣子對漢武帝而言是被當成器具一樣看待的，正因這種將人「物化」的心態才會恣意誅殺，毫不體恤。而汲黯雖為直臣忠言，但也同樣是「臣恐天下賢才將盡」的物化心態——古時候知識分子的奴性真是悲哀啊！

歷久彌新說名句

五胡十六國的後秦王姚興命令群臣「搜舉」賢才（不用「訪求」而用「搜舉」，也是物化心態）。右僕射梁喜回奏：「臣數次受詔，但卻始終未得其人，可以說當世缺乏人才。」姚興刮他鬍子：「自古以來，帝王興起，從未聽說借用古人為宰相的事，還不都是取才於當世，而且都能有所作為。你自己缺乏識人之明，怎麼可以誣賴四海（四海與天下同意）無人才呢？」

的確，做為最高領導人，最怕臣下嫉賢，阻擋了人才進用之途。但是，偏偏得志小人最擔心的就是有人來頂掉他的位子，此所以「小人妒賢」為何成為史書上最常演出的戲碼之一。

名句可以這樣用

標題與原文稍有出入，是因為武帝原句的「識之」是省略了受詞，讀上下文則不會產生誤解。但若單獨使用，就以「苟能識人，何患無才」為宜。

刀筆吏不可以爲公卿

名句的誕生

黯[1]時與湯[1]論議，湯辯常在文深小苛[2]，黯伉厲守高[3]，不能屈[4]，忿發，罵曰：「天下謂刀筆吏[5]不可以為公卿，果然！令天下重足而立[6]，側目而視[6]矣！」

～〈漢紀〉

完全讀懂名句

1. 黯：汲黯。湯：張湯。
2. 文深小苛：以苛刻的態度談法律條文的細節。
3. 伉厲守高：以嚴厲的態度談用法的大原則。
4. 屈：以言語折服對方。
5. 刀筆：筆下文章如刀般鋒利。刀筆吏則是對舞文弄法小吏之貶意詞。
6. 重足：疊足。重足而立（疊起腳站立，不敢走路）、側目而視（不敢正視），都是心有不安的狀貌。

語譯：汲黯經常與張湯辯論（張湯時任廷尉，為西漢最有名的酷吏），張湯總是在法條細節上做文章（小過失都不放過，用放大鏡檢視每一個人），汲黯則堅持用法旨在「正人心、抑奸邪」的大原則。汲黯辯不過張湯，很生氣，就罵道：「天下人都說刀筆吏不可以擔任政務官，果然如此！如果一定要用張湯擔任法務部長，全天下都不敢走路（怕走錯）、不敢正眼看人（怕看到不該看的）了。」

名句的故事

張湯是一位天生的酷吏。小時候，父親命他看家，卻被老鼠偷了肉去，於是老爸打了他一頓。張湯用煙燻鼠穴，將捕到的老鼠嚴刑拷問，最後執行磔刑（凌遲處死）！

如此天才，果然一路高升成為廷尉。並且迎合漢武帝的心意，舞文弄法，將皇帝不喜歡的大臣都羅織入獄。

汲黯多次在漢武帝面前責備張湯，甚至詛咒張湯「如此作風將絕後」（參考「招之不來，揮之不去」一章，汲黯不給同僚留面子）。但是，張湯的人際關係不錯，武帝也支持他，所以不但沒被汲黯罵垮，還一路升到御史大夫（位僅次於丞相）。

歷久彌新說名句

擔任國家的大臣、政務官不應該「小鼻子，小眼睛」，這是對的；但是「刀筆吏不可以為公卿」這句話，難免以偏蓋全。

唐太宗削平群雄，得天下後論功行賞，推房玄齡、杜如晦為第一、第二。淮南王李神通不服，以「房、杜等專弄刀筆」為理由。唐太宗認為「房玄齡等運籌帷幄，安定社稷」，當然應該排在前面。

其實李神通的心底話是「房、杜出身低，怎麼可以排在前面」。但是，英雄哪怕出身低，漢朝開國功臣當中，蕭何、曹參也是縣吏出身，後來當丞相都做得很好。

名句可以這樣用

「刀筆吏不可以為公卿」用來要求政務官應有大識大度則可，用來否定考試出身的基層公務員，以此排斥他們當部長，則不可。

招之不來，揮之不去

名句的誕生

上[1]曰：「汲黯何如人哉？」助[2]曰：「使黯任職居官，無以踰[3]人；然至其輔少主[4]，守城深堅，招之不來，麾[5]之不去，雖自謂賁育[6]亦不能奪[7]之矣。」上曰：「然[8]，古有社稷之臣[9]，至如黯，近之矣。」

～〈漢紀〉

完全讀懂名句

1. 上：臣稱皇帝為「上」，此處為漢武帝。
2. 助：莊助，時任中大夫。
3. 踰：超過。
4. 少主：小老闆。此處指「太子」。
5. 麾：同「揮」。
6. 賁育：古代的勇士孟賁與夏育。
7. 奪：移、動搖。用法同「三軍能奪其氣，匹夫不能奪其志」。
8. 然：肯定詞，猶言「是啊」、「對啊」。
9. 社稷之臣：古大臣之風，一切為國家思考，不阿附曲容。

語譯：漢武帝問：「汲黯到底是怎樣一個人？」莊助說：「教汲黯當一個官員，他並不會突出於其他人；但若派他輔佐幼主，他一定能堅守崗位、堅守原則，招他他不來，趕他他不走，即使自認有孟賁、夏育的勇力，也不能令他立場動搖。」武帝說：「是啊，古代有所謂社稷之臣，汲黯應該很接近了。」

名句的故事

汲黯是個直話直說，絕不妥協的人，不但當面讓同僚難堪，對皇帝也不假辭色。

有一次汲黯竟然在朝會場合，公開說皇帝「內多欲而外施仁義」（內心充滿利欲，卻表現得假仁假義），氣得漢武帝當場變色，起身回宮，口中直說：「這傢伙怎麼這麼憨！」

然而，漢武帝仍然容忍汲黯。西漢法令：官員請假超過三個月即行免職。汲黯生病，請假將滿三個月，武帝一再特許延他的假，但病況始終不癒。後來，莊助再為汲黯請假，武帝與莊助於是有前述之對話。

歷久彌新說名句

漢武帝說汲黯「憨」，憨字當中有個「敢」，憨也有笨的意思。確實，汲黯是既敢又笨——敢於言詞衝撞天子的人實在是少之又少。官場中人不曲意奉承已經可算是原則了，當面頂撞真是笨人，不是嗎？

然而，歷朝歷代總會出幾位這種「憨人」。運氣好如汲黯、魏徵者流，遇上的是英明的皇帝漢武帝與唐太宗，所以能名傳後世；運氣不好的，如明朝的于謙，他在明英宗被瓦剌俘虜後，力主景泰帝即位，撐住了大明帝國於不滅，稱得上是社稷之臣（為國家而不是為君王、為自己），但結局卻是滿門抄斬。

名句可以這樣用

我們常用的句子是「招之則來，揮之即去」或「呼之則來，揮之即去」，用以形容老闆不尊重人才，或奴才沒有骨氣，甚至形容一個人「揮之不去，像蒼蠅一樣討厭」，其原始典故就是取自汲黯的故事，卻轉化成相反意思——畢竟，剛直的人是少數，拍馬屁的小人才是多數啊！

有必勝之將，無必勝之民

名句的誕生

太子家令[1]晁錯上言兵事[2]曰：「兵法曰『有必勝之將，無必勝之民』，繇此[3]觀之，安邊境立功名在於良將，不可不擇也。」

～〈漢紀〉

完全讀懂名句

1. 太子家令：太子府幕僚長。
2. 兵事：軍事。
3. 繇此：以此。

語譯：太子府幕僚長晁錯針對軍事上書建言：「兵法上說：有必勝的將領，沒有必勝的人民。以此推論，想要安定邊疆、建立功名，在於國家有優秀的將領，不可不慎重選擇。」

名句的故事

晁錯上書的對象是漢文帝，太子則是後來的漢景帝。

當時匈奴經常騷擾邊境，晁錯第一次上書建議「選將、修械（國防工業）、以夷制夷」，漢文帝深為嘉許；於是晁錯再度上書建議「徙民實邊」（遷移有罪或貧窮人家到邊疆開墾），漢文帝採納；晁錯三度上書，提出建立邊疆地區「兵農合一」制度。

《資治通鑑》一連記述晁錯三次上書內容，但是在末尾加註：「晁錯為人嚴厲刻薄，以口才贏得太子信任，在太子府中博得『智囊』的外號。」意思是他智計無窮，遇到任何狀況都不會「沒招」。如此記載的用意，在肯定晁錯的建言內容，但也為後來漢景帝重用晁錯，激起「七國之亂」，預留伏筆。

歷久彌新說名句

漢文帝是古今第一好皇帝（小說家高陽的推崇）。當時匈奴為患，但是文帝基於愛民理念，絕不輕啟戰端。所以，晁錯的建言雖切中實弊，但對有關軍事之建言，文帝只是嘉許，對不必開釁的建議則採納。

漢文帝的治國理念，最具代表性的就是他說過：「和我一同治理天下的，不就是優良的兩千石嗎？」兩千石是郡守與封國相的俸祿，也就是兩漢「郡國並行制」下的地方行政首長。

由於漢文帝專心於選擇良吏，所以有「文景之治」的盛世。易言之，漢文帝不重選將、專重選吏，才厚植了漢帝國的實力，才有後來漢武帝的「大漢天威」。

名句可以這樣用

臨陣作戰靠將領優秀，所以「有必勝之將，無必勝之民」。然而，若執政者不得人心，人民不願為他而戰，那麼，將領優秀也沒用。

將領為國君賣命，打勝仗建功勳可以封侯蔭子。可是老百姓受徵召出征，卻得拋妻棄子，荒廢田園，此所以「無必勝之民」同時產生了另一名句「重賞之下必有勇夫」——老百姓不能封侯，只有重賞才能激勵士氣。

君仁則臣直

名句的誕生

翟璜對曰：「臣聞君仁則臣直。嚮[1]者任座之言直，臣是以知之。」

～〈周紀〉

完全讀懂名句

1. 嚮：音ㄒㄧㄤˋ，之前。

語譯：翟璜回答魏文侯：「我聽說過，一位仁君才會有耿直的臣子。之前任座的發言屬於直言，所以我知道君王是一位仁君。」

名句的故事

戰國初期最英明的一位君王魏文侯，禮賢下士、富國強兵，內政、外交都優於另外「六雄」，諸侯不敢與之爭霸主之位。

魏文侯派大將樂羊征服了中山國，並將之做為自己兒子魏擊的封邑。有一天，文侯問群臣：「我是怎樣的一個君王？」舉座都說：「大王是一位仁君。」只有任座持異見：「國君得到中山，不封給弟弟，反而封給兒子，怎麼稱得上仁君？」文侯當場冒火，任座碎步退出（以示惶恐）。

文侯再問翟璜，翟璜說：「陛下是仁君。」文侯顯然氣還未消問：「你從何而知？」翟璜提出前述的說法，於是魏文侯龍心大悅，吩咐翟璜去召回任座，親自下堂相迎，待任座為上賓。

歷久彌新說名句

人都喜歡聽順耳的話，尤其是天下權力集中在一人之掌握的專制帝王，身邊永遠不缺馬屁精，因此直言之臣在專制體制內就成了稀有動物。

但是中國傳統知識分子卻始終標榜要有「骨氣」，即使在君王最殘暴、馬屁集團最囂張的環境之下，總是還有骨鯁之臣存在。

然可想而知的，骨鯁之臣的際遇不可能太好，通常總是落個砍頭或垮台的下場。除非，同朝有像翟璜這種「聰明的正派人士」，懂得利用君王的虛榮心，適時以高級馬屁（翟璜說「君仁則臣直」，比馬屁集團只會歌功頌德直呼「仁君」高級多了）相救。當然，前提是君王想要擁有好名聲，例如魏文侯。

《資治通鑑》裡一再出現「君仁則臣直」、「君明則臣直」，甚至「上不明則下不正」之類的反向文句。這裡只舉一個相似的故事：

五胡亂華時期，南方是東晉流亡政府，北方則是群雄割據局面。一度佔有大部分北方版圖的羯族領袖後趙石勒，想要在鄴都營造新的宮殿，廷尉續咸苦諫，石勒光火，下令將續咸斬首。

中書令徐光進言：「即使續咸的言論不可採行，也應當包容他。豈可為了幾句直言而砍大臣的腦袋？」石勒嘆口氣說：「當一個皇帝，難道不能貫徹個人的意志嗎？普通人家若是多賺一點錢，也會想要蓋新房子，何況我富有四海？這座宮殿遲早要建，但是現在暫時停工，以成就我朝直臣的骨氣！」賞賜續咸一百匹絹、一百斛穀，並且下詔群臣推舉賢良方正人才進入政府。

名句可以這樣用

專制帝王擁有生殺大權，所以能容直臣就是仁君。如今民主時代，言論自由是基本人權，所以領導人接受批評就稱不上「君仁則臣直」。但若領導人「聞過則怒」則肯定不仁。

苟全性命於亂世，不求聞達於諸侯

名句的誕生

臣本布衣[1]，躬耕[2]南陽，苟全性命於亂世，不求聞達於諸侯。先帝不以臣卑鄙[3]，猥自枉屈[4]，三顧[5]臣於草廬之中，諮[6]臣以當世之事；由是感激，遂許先帝以驅馳[7]。

～〈魏紀〉

完全讀懂名句

1. 布衣：平民。
2. 躬耕：親力耕作，小自耕農階級。
3. 卑鄙：社會地位低下（非指品格低下）。
4. 猥：忽然、出乎意料之外。枉：委屈。枉屈：重複「委屈」之意，以加重語氣。
5. 三顧：三次拜訪。但「三」也可以形容「多」，亦即「多次拜訪」。
6. 諮：諮詢、請教。
7. 驅馳：為人效勞（以馬供人驅馳為喻）。

語譯：我原本是一介平民，在南陽自耕生活。只求在亂世中保全性命，不求在諸侯間享有名聲與地位。先帝（劉備）不嫌棄我的地位低下，竟然紆尊降貴，三度造訪我的草廬，向我請教天下大勢。我為此而感激，於是答應為先帝效命。

名句的故事

這一段是諸葛亮〈前出師表〉最令人感動的部分，有所謂「讀出師表不哭者不忠」，主要就是針對「臣本布衣……」到最末「臨表涕零，不知所言」兩段文字（我們今日習用的兩句是「臨表涕泣，不知所云」，係由於岳飛親書〈出師表〉所寫，於是流傳。但《通鑑》原文如前）。

〈前出師表〉令人感動的另一個因素是，諸葛亮幾乎是在向後主劉阿斗「交付後事」：希望陛下親賢臣，遠小人；哪些人是賢臣、各人的才能在哪一方面……一一細述。

易言之，諸葛亮當時存著「不成功便成仁」的決心，此所以「讀出師表不哭者不忠」。

歷久彌新說名句

在「識時務者為俊傑」一章中，述及南陽幫文人努力推銷的人物之一就是諸葛亮。所以，這裡諸葛亮說他自己「苟全性命於亂世，不求聞達於諸侯」，不無自鳴清高之嫌。

然而，這兩句的用意在區隔他並非「如同戰國遊士般，主動上門兜售」，南陽幫用的是「守株待兔法」。因此諸葛亮也算說了實話，更以此凸顯劉備禮賢下士的胸襟氣度。

名句可以這樣用

〈前出師表〉全文值得一讀，更宜字句咀嚼。除了本文兩名句之外，尚有「危急存亡之秋」、「不宜妄自菲薄，引喻失義」、「不宜偏私，使內外異法」、「受任於敗軍之際，奉命於危難之間」等佳句。

車載斗量，不可勝數

名句的誕生

吳主[1]遣中大夫南陽趙咨入謝[2]。……帝[3]問曰：「吳如大夫者幾人？」對曰：「聰明特達者八、九十人；如臣之比[4]，車載斗量，不可勝[5]數。」

～〈魏紀〉

完全讀懂名句

1. 吳主：吳王孫權。
2. 謝：答謝。《資治通鑑》以魏為正朔，魏為主，吳為客，故稱「入謝」。
3. 帝：曹丕。
4. 比：並排、同等級。用法同「比肩」。
5. 勝：盡。用法同「不勝枚舉」。

語譯：孫權派中大夫南陽人趙咨去魏國答謝。……曹丕問趙咨：「吳國像大夫這種人才有幾位？」趙咨回答：「聰明才智超高的有八、九十人；和我同等水準的，得用車載、用斗量（如粟），數都數不清。」

名句的故事

孫權為什麼要派人去魏國答謝？因為曹丕封孫權為吳王，加九錫（等同皇帝排場）。然而三國鼎立、互不相屬，孫權為何接受曹丕冊封？因為劉備發兵攻打吳國，吳國擔心兩面受敵，所以遣使稱臣。曹丕又為什麼要問趙咨「吳國有多少人和你一樣優秀」？因為趙咨表現得不卑不亢，是難得的外交人才：

曹丕問：「吳國可以征伐嗎？」趙咨答：

「大國有征伐之兵，小國有備禦之固。」

曹丕：「吳國擔心魏國攻擊嗎？」趙咨：「吳國有百萬大軍，有長江、漢水為天然屏障，何必擔心？」

其他還包括對孫權的評價等問題，趙咨雖然是弱勢「謝恩」的一方，但都能對應得體、不卑不亢。其效果是：曹丕因而不敢低估吳國的實力。

歷久彌新說名句

中國的歷史思想主流是「大一統」，而且自命為「中國」，其他民族都是「夷狄」，因此名將多過名外交家。只有在春秋戰國、三國、五代十國等分裂時期，才會出現一些傑出的外交家——其必要條件是「多國國際」，南北朝那種「二元對抗」局勢都不行。

三國時期另一位傑出外交家是蜀漢鄧芝。劉備伐吳失利，病逝白帝城，諸葛亮繼續執行「聯吳制魏」大戰略。

諸葛亮命鄧芝出使吳國，孫權對他說：「如果天下太平，你我兩國分治天下，不亦樂乎？」鄧芝回答：「天無二日，士無二王。如果我們合作滅了魏國的話，到時候臣子各盡其忠，戰場上見。」孫權大笑，說：「你這個人還真是心直口快啊！」

名句可以這樣用

用來形容數目多到無法計算的成語很多，包括：恆河之沙、多如牛毛、滿坑滿谷、不計其數、不勝枚舉、漫山遍野等。

死生不易之誓

名句的誕生

時或言瑾[1]別遣親人與漢主[2]相聞[3]者。權[4]曰：「孤與子瑜[1]有死生不易[5]之誓。子瑜之不負[6]孤，猶孤之不負子瑜也。」

～〈魏紀〉

完全讀懂名句

1. 瑾：諸葛瑾，字子瑜，諸葛亮之兄。在吳國做官，當時任南郡太守。
2. 漢主：蜀漢皇帝劉備。
3. 聞：通消息。
4. 權：吳國國君孫權，當時尚未稱帝。
5. 不易：不變。死生不易：猶言至死不渝。
6. 負：辜負、背叛。

語譯：當時有傳言，諸葛瑾另外派遣親人與劉備通消息。孫權公開挺諸葛瑾，說：「我和子瑜有至死不渝的誓約。子瑜一定不會背叛我，猶如我一定不會辜負子瑜一樣。」

名句的故事

吳國將領呂蒙襲殺關羽，劉備率領大軍攻吳，為關羽報仇。而諸葛瑾的弟弟就是諸葛亮，因此「有人」放話陷害諸葛瑾，是很自然的事情——這種人，柏楊稱之為「鯊魚群」，歷朝歷代都成群噬人。

諸葛家不但兄弟倆分別在吳、蜀做大官，堂弟諸葛誕則在魏國做大官，最高做到尚書，並且駐軍淮南，也就是面對吳國的第一線重要將領，足見受到信任與重用。當時人稱「蜀得其龍，吳得其虎，魏得其狗」。

諸葛氏一家三人在三國做大官，正是「亂世不共事一主」的最佳詮釋。同時也說明兩件事：一、「南陽幫」尤其是諸葛氏經營人脈有方（參閱「識時務者為俊傑」一章），不但看準了劉備有前途，成功地將諸葛亮送進劉備陣營，同時也將另外兩諸葛分別打入吳、魏；二、漢末群雄並起，最後剩下曹、孫、劉三人，確有其道理——三人都有容人之量，君臣之間不猜忌，自然留得住人才，保得住江山。

歷久彌新說名句

戰國時，燕昭王用樂毅為大將攻齊，連下七十多城，僅餘莒、即墨二城。卻因昭王去世，燕惠王繼位，聽信讒言，陣前易將，用騎劫取代樂毅（之後的故事是田單雙城復齊，此處不表）。樂毅跑到趙國，受到禮遇與重用，駐軍燕齊邊境。

燕惠王在兵敗之後，為了穩住樂毅，避免他領趙軍攻打燕國，就封樂毅的兒子樂閒為昌國君。而樂氏父子因而能在趙、燕兩國同時受到禮遇。但是後來燕王在樂毅死後，不聽樂閒之言，發兵攻打趙國，大敗。樂閒和族人樂乘乃投奔趙國。

燕王與樂毅父子的關係，恰恰是孫權與諸葛瑾「死生不易之誓」關係的負面印證——君臣相互猜忌，只會危害到國家。

名句可以這樣用

國君與臣子居然有「死生不易之誓」，的確是帝王專制時代的異數。通常臣子只能盡忠，帝王則生殺予奪；大臣之間則互相勾心鬥角，沒有永久的朋友，官場遊戲則是「防人知心不可無」；只有江湖人才有真正的死生不易之誓，「不求同日生，只求同日死」；甚至夫妻間的海誓山盟，都不免「大難來時各自飛」。

趙子龍一身是膽

名句的誕生

魏兵散而復合，追至營下，雲[1]入營，更大開門，偃旗息鼓。魏兵疑雲有伏，引去；雲雷[2]鼓震天，惟以勁弩於後射魏兵。魏兵驚駭，自相蹂[3]踐，墮漢水中死者甚多。備明旦[4]自來，至雲營，視所戰處，曰：「子龍一身都為膽也！」

～〈漢紀〉

完全讀懂名句

1. 雲：趙雲，字子龍。
2. 雷：同「擂」，音ㄌㄟˊ，擊鼓。
3. 蹂：踐踏。
4. 旦：早晨。

語譯：魏軍散而復合，追趕趙雲，趙雲退入軍營，下令將營門大開，營內偃旗息鼓。魏軍懷疑趙雲在營內設有埋伏，撤退；此時趙雲下令營內擂動戰鼓聲震於天，（不發兵追擊）只以強勁的弩弓自後射箭。魏軍驚駭，人馬自相踐踏，墮入漢水中淹死者甚多。

劉備次日上午巡視前線，到趙雲軍營，看到昨日戰場，說：「子龍真的一身是膽啊！」

名句的故事

曹操得了漢中卻不攻蜀（參考「既得隴，復望蜀」一章），留下將領守漢中，劉備於是進攻漢中。曹操悔不聽司馬懿的建議，乃親自率軍攻打劉備，雙方在漢中對峙。

魏軍自長安出斜谷，進入漢中。黃忠帶兵去

截其糧車，過了約定時間沒回營。趙雲帶了數十騎兵出營查看，卻遇到曹操大軍，趙雲不退反進，（出其不意）將曹軍衝散，然後且戰且走。這是本文「魏兵散而復合」的前因。

趙子龍的英勇，早就深刻烙在曹軍印象中：當初曹操大軍南下（赤壁大戰之前），荊州劉表過世，劉琮投降，劉備狼狽南逃，人馬輜眾都被曹軍截獲，連妻子都顧不了了。全虧趙雲衝回長阪坡（《三國演義》誇張描述其「三進三出」的過程），救回劉禪（阿斗）。

此所以魏軍先不敢入趙營，後聽到腦後擂鼓與勁弩，會嚇得人馬自相踐踏的原因。

歷久彌新說名句

清朝康熙帝晚年，發生江南鄉試（考舉人）科場舞弊案：副主考官趙晉受賄十萬兩銀子，主考官左必藩知情不舉。舉子群情激憤，將考場匾額上的「貢院」二字，塗改成「賣完」，把財神廟裡的財神泥身扛進孔廟。市井更流傳一副對聯：「左丘明雙目無珠，趙子龍一身是膽。」

春秋《左傳》的作者左丘明是個瞽者（視障），這上聯就是諷刺「左」必藩對副考官受賄視而不見；下聯則是諷刺「趙」晉膽大妄為。雖是諷刺之作，亦可見趙子龍的膽氣與英勇，已深植人心。

名句可以這樣用

無論正史或小說，趙子龍都是有勇有謀、有膽有識的形象。所以，「一身是膽」絕不可用以形容莽撞勇夫，否則就成了「暴虎馮河」。

試想，若新聞主播說出「那位凶徒一身是膽」豈不令人笑倒！

但有斷頭將軍，無降將軍

名句的誕生

飛[1]呵[2]顏[3]曰：「大軍既至，何以不降？而敢拒戰？」顏曰：「卿等無狀[4]，侵奪我州。我州但有[5]斷頭將軍，無降將軍也。」飛怒，令左右牽去斫[6]頭。顏容止[7]不變，曰：「斫頭便斫頭，何為怒邪[8]！」飛壯[9]而釋之，引為賓客。

～〈漢紀〉

完全讀懂名句

1. 飛：張飛。
2. 呵：呵斥。
3. 顏：嚴顏，益州劉璋手下巴郡太守。
4. 無狀：沒規矩。此處意謂：劉璋請劉備援助，劉備反而鳩占鵲巢。
5. 但有：只有。
6. 斫：砍。
7. 容：臉色。止：行為舉止。
8. 邪：同「耶」。
9. 壯：佩服其勇氣。

語譯：張飛以勝利者口吻呵斥敗將嚴顏：「我方大軍到來，為什麼不投降？竟敢頑抗！」嚴顏說：「你們不守道義、反客為主，侵奪我們益州（四川）土地。我們益州只有斷頭將軍，沒有投降將軍！」張飛大怒，叫左右將嚴顏拖下去砍頭。嚴顏神色舉止如常（不變色也不發抖）說：「砍頭就砍頭，你凶什麼凶？」張飛佩服他的勇氣，釋放他，並且待若上賓。

名句的故事

曹操得關中後，攻向漢中，下一步將指向益州。劉璋恐慌，聽從法正的建議，引劉備（荊州）兵力攻漢中。但是法正私下勾結劉備攻取益州。

劉璋通令各地供應劉備後勤軍糧。嚴顏搥心嘆曰：「這正是俗話說的『獨坐窮山，放虎自衛者』（獨居深山，還以為老虎會保衛自己的蠢蛋）啊！」果然，劉備後來吞噬了劉璋。

但是嚴顏說「我州但有斷頭將軍，無降將軍」，卻是他個人的一廂情願：益州官員黃和、黃權、劉巴、李嚴、吳懿、費觀……都願為劉備效力。

歷久彌新說名句

嚴顏是一位忠心、有骨氣的將軍，但是那些甘於投降劉備的益州官員卻不能以「不忠」或「叛逆」視之。基本上，那時是一個亂世，亂世的名言「良禽擇木而棲，良臣擇主而事」。但是可「擇」的機會並不多，起初擇了一處棲身，一旦遇到更好的機會，「跳槽」也是自然的事情。

尤其是劉備的用人作風：劉巴跟劉備有仇，照用；黃權是少數在最初警告劉璋的官員，照用；許靖翻出成都城投誠，也重用。簡單說，劉備用人唯才，不計往日恩怨——這種領袖當然會贏得人心。

名句可以這樣用

與「斷頭將軍」相對的辭是「倒戈將軍」。儘管斷頭將軍的氣節能獲得後人的敬仰，但倒戈將軍卻能享受當下的榮華富貴，而且還不一定會在歷史上留下罵名——端看倒戈的結果是「成王」，還是「敗寇」。

士別三日，刮目相待

名句的誕生

及[1]魯肅過尋陽[2]，與蒙[3]論議，大驚曰：「卿今者才略非復[4]吳下[5]阿蒙。」蒙曰：「士別三日，即更刮目相待[6]，大兄何見事之晚乎！」肅遂拜蒙母，結友而別。

～〈漢紀〉

完全讀懂名句

1. 及：後來。
2. 尋陽：地名，今湖北黃梅縣。
3. 蒙：呂蒙。
4. 非復：不再是。
5. 吳：地名，今江蘇吳縣。吳下：猶言「吳那個地方」。
6. 刮目相待：重新評價；以全新的眼光看待。

語譯：後來魯肅路過尋陽（呂蒙的駐地），和呂蒙討論事情，非常驚訝地說：「你今天的才識智略已經不再是當年吳郡那個阿蒙了耶！」呂蒙說：「知識分子三日不見，就應該以全新的眼光看待，大哥你未免發現得太晚了。」魯肅於是拜見呂蒙的母親（以示親近），與呂蒙結為好友，然後辭別。

名句的故事

當年「吳下阿蒙」很菜嗎？事實上是既年輕又莽撞：呂蒙十五、六歲時就蹺家，隨姊夫鄧當（孫策部將）去打仗。鄧當手下譏笑他：「黃口小子，能做得了什麼？」呂蒙被激怒，拔劍殺了那傢伙，逃離軍隊。幸賴孫策慧眼識英雄，赦了他的罪，並用他為貼身侍衛。

後來，呂蒙累積戰功升為將領，孫權對他說：「你現在要獨當一面了，不可以不讀書。」呂蒙以軍中事情繁忙為由推託，孫權說：「又不是要你讀書去當博士，而是要你懂得鑑往知來。要說忙，誰比我更忙？我也常常讀書，自覺大有裨益。」呂蒙這才開始讀書。

至於呂蒙說了什麼讓魯肅「大驚」？原來他對魯肅說：「關羽是熊虎一般的角色，一定要有應變計畫。」接下去提出五種不同狀況發生的危機處理方案。

這下子，「魯大哥」才發現「阿蒙」長大了，才略已不輸其他名將，所以另眼相看。

歷久彌新說名句

戰國縱橫家蘇秦第一次出山遊說諸侯，一無所成，回家遭兄弟姊妹等譏笑。於是將自己關在房間裡，翻出姜太公《陰符經》，苦心研究一年多，再度出山。

蘇秦先去見周顯王，可是顯王左右「很熟」蘇秦，都輕視他；之後去了秦、趙也不得志；等到燕文侯答應資助他才終於成功，後來「身配六國相印」。

蘇秦已經很有學問，但為了開展新事業，仍得研究新學問。而周顯王的左右看來比不上魯肅，更不懂「士別三日，即當刮目相待」，以致錯失人才。若周王能用蘇秦，是否可以振衰起敝？難說。但可以確定周顯王失去了一次翻盤機會。

名句可以這樣用

我們現在多用「士別三日，刮目相看」，不能說用法不對，但是「刮目相看」與「刮目相待」程度上是有差異的。但若只用「令人刮目相看」，因屬第三者之觀察，就適用了。

終非池中之物

名句的誕生

劉備以梟雄之姿[1]，而有關羽、張飛熊虎之將，必非久屈為人用者。……今猥[2]割土地以資業[3]之，聚此三人俱在疆場，恐蛟龍得雲雨，終非池中物也！

～〈漢紀〉

完全讀懂名句

1. 梟雄：像梟一樣的凶悍豪傑。姿：同「資」，本質。
2. 猥：委屈。孫權為拉攏劉備，決定多分土地給劉備，故周瑜認為委屈了。
3. 資業：提供資本以創業。

語譯：（周瑜對孫權說）劉備是一世梟雄，且又擁有關羽、張飛這等猛將，肯定不會長久屈居人下（遲早會脫離我方陣營）。……如今委屈自己，割土地去給劉備當發展根據地，讓劉關張三人聚在戰場上。那就跟蛟龍遇到濃雲大雨一樣，不可能留在水池裡啦！

名句的故事

赤壁戰後，周瑜將荊州八郡中的江南四郡撥給劉備。然因劉表舊部多半投靠劉備，因此劉備親自到京口（今鎮江）去見孫權，要求將江北四郡也劃歸轄下。周瑜反對，但是孫權仍然撥了。

事實上，劉備「終非池中之物」是當時公認的事情。曹操與劉備「煮酒論英雄」時，說「天下英雄唯使君與操也」，而曹操的謀士（如程昱）一再要曹操殺劉備，但曹操是自許要「任用天下智力」（參閱「志大而智小，色厲而膽薄」一章）的亂世奸雄，所以一直想要「收服」劉備而始終沒有殺他。

《三國演義》中，劉表的心腹蔡瑁說「劉備世之梟雄，久留於此（荊州），後必為害」，乃設局要殺劉備，但被劉備脫逃。

以此觀之，曹操、孫權的格局，比起周瑜、蔡瑁是大得多了。即使劉備不能為孫權所用，但若依周瑜之見「將劉備囚死在吳」，孫權又豈有力量單獨對抗曹操？還不如讓這隻蛟龍去翻雲覆雨，為曹操多樹一個敵人，鼎足而三，東吳還有生存空間。

歷久彌新說名句

唐憲宗的第十二個兒子李怡（後改名李忱），為避免侄子猜忌（三個侄子相繼為帝），一度出家。有一次他隨黃蘗禪師觀瀑，黃蘗口占兩句：「千巖萬壑不辭勞，遠看方知出處高。」李忱接口：「溪澗豈能留得住，終歸大海做波濤。」於是黃蘗知道李忱終非池中之物，藉一次打禪機的場合，摑了李忱好幾巴掌（黃蘗是「當頭棒喝」一派的大師之一），讓他還俗。後來因機緣成為唐憲宗。

名句可以這樣用

蛟龍還在淵中時，稱為「潛龍」。相傳要遇著大雷雨，才能趁著雲雨飛騰上天。所以我們對於「這個人終有飛黃騰達的一天」，就用「其人終非池中之物」。

識時務者爲俊傑

名句的誕生

劉備在荊州，訪士[1]於司馬徽。徽曰：「儒生俗士豈識時務[2]，識時務者在乎[3]俊傑。此間自有伏龍[4]、鳳雛[4]。」備問為誰，曰：「諸葛孔明、龐士元也。」

～〈漢紀〉

完全讀懂名句

1. 訪士：求才。
2. 時務：天下大勢。
3. 在乎：在於。
4. 伏龍：潛伏在水底的龍。鳳雛：還不會飛的鳳。兩者皆為尚未高飛之神物。

語譯：劉備在荊州依附劉表期間，向當地名士司馬徽請教「有沒有好人才」。司馬徽說：「普通的讀書人多屬庸俗之士，哪裡會有經世之才，識得天下大勢？識得大事的必須是俊傑之士。在荊州這附近就有尚未嶄露頭角的經世之才伏龍與鳳雛。」劉備問「是誰」？司馬徽說：「諸葛亮（字孔明）、龐統（字士元）。」

名句的故事

司馬徽說了「伏龍、鳳雛」之後，徐庶又向劉備推薦一次，並且對劉備說：「這個人只能你去見他，不宜召喚他來。」於是劉備「凡三往，乃見」，也就是《三國演義》中「三顧茅廬」故事的歷史來源。接下去，則是三國第一大戰略「隆中對」——演義完全照史書記載，一字未改。

事實上，這是當時襄陽、南陽一帶的「南陽幫」士人一次成功的促銷：

當時襄陽名士領袖是龐德公，龐德公用力推銷三個年輕人：司馬徽與諸葛亮之外，加上自己的兒子龐統，分別為三人加了稱號：臥龍、鳳雛、水鑑（鑑就是鏡，演義中稱「水鏡先生」）。

諸葛亮的大姊嫁給龐德公的長子龐山民，二姊嫁給荊州望族蒯祺，他本人娶沔南望族黃承彥的女兒（很醜），於是諸葛氏與荊襄四大族都搭上了裙帶關係，甚至荊州軍閥劉表都算近姻親。

可是諸葛亮看不上眼劉表。他有一夥朋友：龐統、石廣之、徐庶、孟公威、崔州平等，他們「相」中了劉備，把諸葛亮送進劉備陣營當了丞相，龐統也當上軍師中郎將（可惜短命）。後來在蜀漢陣營中一一露頭角的李嚴、楊儀、廖化，乃至孔明揮淚處斬的馬謖，都是荊襄青年——南陽幫的政治投資大成功！

歷久彌新說名句

明太祖朱元璋得到劉伯溫的輔佐而取天下，稱劉伯溫「吾之子房」（張良，字子房）。劉伯溫就是元朝末年的「識時務之俊傑」，而且和諸葛亮一樣，普受民間傳頌其傳奇故事。

名句可以這樣用

識時務者「在乎」俊傑，原意是只有俊傑才看得清天下大勢，也才有經世之才。我們現在常用「識時務者為俊傑」，意思由「識時務才是俊傑」變為「不識時務就不是俊傑」，再轉化成「看不清形勢就不聰明了」，最後變成「不識相就要自討苦吃」的意思。

志大而智小，色厲而膽薄

名句的誕生

曹操曰：「吾知紹[1]之為人，志大而智小，色厲而膽薄，忌克[2]而少威，兵多而分畫[3]不明，將驕而政令不一[4]。土地雖廣，糧食雖豐，適足以為吾奉[5]也。」

～〈漢紀〉

完全讀懂名句

1. 紹：袁紹。
2. 忌：猜忌。克：同「刻」，刻薄。
3. 分畫：權責指派。
4. 不一：不能齊一。「一」為動詞。
5. 奉：奉養。為吾奉：奉養我們。

語譯：曹操說：「我很清楚袁紹的為人作風，他志氣高可是智慧很低；神情激動可是膽小如鼠；對部下既猜忌又刻薄，所以威信不足；軍隊雖多可是各部隊權責不清；將領驕縱所以軍令不能貫徹。所以，袁紹的土地雖然廣，糧食雖然豐富，卻只是儲備在那裡，等著奉養我們而已。」

名句的故事

袁紹發兵攻打許昌（曹操的大本營，故亦稱許都）。許都的將領們陷入一種驚恐狀態。曹操以他與袁紹交往多年的經驗，告訴諸將袁紹不足懼的理由。

事實上，袁紹與曹操年輕時就相識。袁紹由於門第高、家世好，官運一直比曹操好，諸侯討董卓時，袁紹更是「諸侯長」（相當於盟主地位）。但是曹操一向表現得比袁紹優秀，他倆每一次「交手」都是曹操佔上風，因而曹操心裡是瞧不起袁紹的。

討伐董卓時，袁紹曾問曹操：「如果事情不成功，可以據守什麼地方？」曹操反問：「你的想法如何？」袁紹說：「我南以黃河為塹，北守燕、代地區，吸收戎狄的兵眾，（以河北為根據地）南向以爭天下，應該可以成功。」曹操說：「我任用天下人才的智力，以優秀的領導統御，無論在哪裡都可以成功。」袁紹思考的是地盤，曹操思考的是人才與領導。以此觀之，曹操在原文中對袁紹的評估，老早就「吃定」他了。

歷久彌新說名句

「志大智小，色厲膽薄」的不只袁紹一個，同時期的劉表是另一個。

袁、曹雙方都向荊州軍閥劉表求援，可是劉表兩邊都不靠。劉表的智事、參謀都建議他「曹操會贏，應該投向曹操一方」，劉表仍狐疑不決。後來派韓嵩去許都「觀察」虛實，韓嵩回來後「盛稱朝廷、曹公之德」，劉表大怒，要殺韓嵩，可是又不敢殺。其實劉表自己也想逐鹿中原，不甘心附從任一方，但沒膽量自立山頭，又害怕中立「兩面不討好」。

名句可以這樣用

劉表和「不唯君擇臣，臣亦擇君」一章中的隗囂一樣，都是「志大而智小，色厲而膽薄」的角色。所以不能中立又不能自立，最終一敗塗地。

有何面目立於天下

名句的誕生

苞[1]葬訖，謂鄉人曰：「食祿而避難，非忠也；殺母以全義，非孝也。如是，有何面目立於天下[2]！」遂歐[3]血而死。

～〈漢紀〉

完全讀懂名句

1. 苞：趙苞，東漢遼西太守。
2. 天下：此處指世間，即「普天之下」。
3. 歐：同「嘔」。

語譯：趙苞安葬母親與妻子之後，對地方父老說：「領國家的俸祿而逃避災難，不是忠臣；害母親被殺而成全自己的大義，不是孝子。像我這種不忠不孝之人，還有什麼臉活在世間？」於是嘔血而死。

名句的故事

遼西太守趙苞到任後，派人到故鄉迎接母親及妻子，但卻被鮮卑人劫掠而去。鮮卑軍以太守的母、妻為人質，直逼郡城。趙苞率軍迎戰，在陣前向母親悲號：「兒子原本只想以微薄薪俸奉養母親，不料反而為您招來如此大禍。昔為母子，今為王臣，我不能顧念私恩而自毀忠節。兒子萬死無以償罪。」趙母回答：「威豪（趙苞的字），人的死生各有天命，不可為了我而損了忠義，你要下定決心。」

趙苞下令攻擊，鮮卑大敗，但是趙母及趙妻都被殺。皇帝派使節弔喪，並封趙苞為侯，可是趙苞自覺無面目活下去（享受榮華富貴）。

歷久彌新說名句

「天知地知你知我知」一章的「清白吏」楊震後來官至太尉，但卻因為一再檢肅皇帝的寵臣貪汙，被讒言陷害，免官回籍。出京走到驛亭，對相送的士人與門生慷慨陳辭：「我擔任上司，既不能誅除奸猾，又不能阻止佞臣作亂，有何面目復見日月！」飲下毒酒自殺。

三國前期，馬超與曹操翻臉，攻擊漢陽郡冀縣。守城的漢陽太守與刺史想要投降，涼州參軍楊阜哭諫：「救兵不久就會到達，為何棄城陷自己於不義！」但是太守、刺史不聽，開城投降。馬超入城後，殺了太守與刺史，沒殺楊阜。

剛好楊阜妻子過世，向馬超請求放假歸葬，馬超同意。楊阜沒回家，逕奔屯兵一百多里外的姊夫姜敘，痛哭失聲，說：「守城守不住，長官被殺又不能同死，還有何面目以視息於天下！」說服姜敘率軍攻打馬超。雙方幾番折衝，馬超的妻、子被殺，姜敘的母親也被殺。楊阜身受五處創傷，曹操封他為侯爵。

名句可以這樣用

無面目「立」於天下，意謂「躺下」，也就是不活了；無面目「復見日月」也是不活的意思；無面目「視息」（目視、呼吸），同樣也是沒臉活著的意思。（差別只在楊阜最後沒死）

三個故事都是自認「兩面不是人」才自責「有何面目立於天下」。歷史上還有很多「移孝作忠」的故事，並無「兩面不是」的問題，就都沒自殺。

用白話文造句：這個人既不忠，又不義，還有什麼臉活在世間？

鷹鸇不若鸞鳳

名句的誕生

（王奐[1]）謂之[1]曰：「聞在蒲亭[2]，陳元[3]不罰而化之，得無少鷹鸇之志[4]邪？」香曰：「以為鷹鸇不若鸞鳳[5]，故不為也。」

～〈漢紀〉

完全讀懂名句

1. 王奐：考城縣令，聘請仇香為主簿。謂之：王奐對仇香說。
2. 蒲亭：仇香原本是蒲亭長。
3. 陳元：事見後文「名句的故事」。
4. 鸇：一種猛禽。《左傳》：「見無禮者誅之，如鷹鸇之逐鳥雀也。」鷹鸇之志意指執行法律的霹靂手段。
5. 鸞：傳說中的神鳥，見之則國家安寧。鸞鳳：意指祥和。

語譯：王奐對仇香說：「聽說你在擔任蒲亭長時，不處罰陳元而用感化方法，是不是缺少一點執法魄力呢？」仇香回答：「我認為鷹鸇（誅無禮）不如鸞鳳（致祥和），所以不用霹靂手段。」

名句的故事

仇香擔任蒲亭長。有一個老百姓陳元，與母親一同居住。陳母向仇香告狀「陳元不孝」，仇香詫異地說：「我最近經過你們家，屋舍院落整理得很好，田地耕作也未荒怠，以此觀之，陳元應該不是惡人，只不過是沒受過教育，不懂道理吧！陳媽媽妳守寡多年，好不容易拉拔大一個兒子，如果就為了一時氣憤，毀了兒子終身（忤逆、不孝都有罪，一經判定，終身汙點），倘若死者有知，妳百年之後怎麼去見亡夫？」陳母流著眼淚而去。

仇香再去陳元家，教導陳元人倫與孝順的道理，同時告誡他禍福後果（不孝將遭法律處罰）。陳元感悟，終於成為孝子。

王奐聽了仇香「鷹鸇不如鸞鳳」的言論，說：「灌木叢不是鸞鳳棲息之所，百里（縣令為百里侯，此處意指縣政府）不是大賢施展才能的管道。」自掏腰包捐出一個月薪俸，送仇香去京師入太學。包括郭泰等清流名士領袖都與他交往，並且非常尊敬他。

歷久彌新說名句

同時期人王暢出任南陽郡太守，對當地太多貴戚豪族（光武帝劉秀是南陽人，開國功臣也多南陽人，故多貴戚豪族）認為是社會惡瘤，所以對一些「大姓」非常嚴苛，稍有觸法，皆給予嚴厲制裁。郡功曹張敞就勸他：「懇懇用刑，不如行恩；孳孳求姦，未若禮賢，化人在德，不在用刑。」王暢採納，南陽郡教化大行——這和「鷹鸇不若鸞鳳」同樣意思。

名句可以這樣用

鸞與鳳都是傳說中象徵吉祥的神鳥。「鸞鳳合鳴」乃成為結婚的祝詞。

畫虎不成反類狗

名句的誕生

效伯高[1]不得，猶為謹敕[2]之士，所謂刻鵠[3]不成尚類鶩[3]者也；效季良[4]不得，陷為天下輕薄子，所謂畫虎不成反類狗者。

～〈漢紀〉

完全讀懂名句

1. 伯高：姓龍名述，字伯高。
2. 謹敕：謹慎嚴正。
3. 鵠：大雁。鶩：野鴨。
4. 季良：姓杜名保，字季良。

語譯：學習龍述，萬一學不成，至少不失為一個謹慎嚴正之士，所謂「刻一隻鵠不成功，至少還像隻野鴨」；而學習杜保，如果學不成功，將墮落成為輕浮子弟，所謂「畫老虎失敗，反而像隻狗」。

名句的故事

馬援率軍遠征交趾（越南），寫信回家告誡兩位侄兒馬嚴、馬敦，不可好論人長短、譏刺時政。信中特別舉龍述和杜保兩人為例：龍述為人敦厚、說話謹慎、謙虛節儉、清廉公正。馬援說自己「喜愛並器重」龍述，希望侄兒學習龍述。杜保豪俠好善，憂人之憂、樂人之樂，父親過世，附近數郡的朋友都來參加告別式。馬援同樣「愛之重之」，可是不希望侄兒效法杜保。

事實上，龍述與杜保都是優秀人才。但是馬援清楚兩個侄兒的材料，不屬於豪爽那一型，若學習杜保，難免顯得輕浮——這是人的天生氣質，勉強不來的。

歷久彌新說名句

晉朝名將羊祜也有一篇著名的〈誡子書〉，其中寫道：我不如我的父親，你們又不如我。想要識度弘偉，我看你們兄弟達不到；想要特立獨行，我看你們也沒那個天分。只希望你們「言則忠信，行則篤敬」，不說人是非、不傳播閒話，事情想清楚了才做。

羊祜的意思和馬援一樣：子侄不是那塊料，就不要鼓勵他們立太大的志願。寧可要他們保守一點，庶幾不會惹禍上身，或誤入歧途。

宋代儒家大師朱熹〈與長兒書〉，要兒子分辨「益友與損友」，訓誡兒子要時時反省，不可誤交損友「自趨小人之域」。用意與馬援相同，但是只講道理，沒有具體指名，效果就不顯著了。

名句可以這樣用

這一句名言現在多用「畫虎不成反類犬」，而且是單獨用，上句「刻鵠不成尚類鶩」已經不大用了。所以，原本的意思是「慎選效法對象，否則萬一失敗，將一敗塗地」，與「弄巧成拙」、「東施效顰」的含意類似。

師臣者帝，賓臣者霸

名句的誕生

臣聞師臣者帝，賓臣者霸。故武王以太公為師[1]，齊桓以夷吾為仲父[2]，近則高帝優[3]相國之禮[3]，太宗假宰輔之權[4]。及亡新[5]王莽，……，奪公輔[6]之任，損宰相之威，以刺舉[7]為明……。陛下宜……勞心[8]下士[9]，屈節[10]待賢，誠不宜使有司察公輔之名。

～〈漢紀〉

完全讀懂名句

1. 武王以太公為師：周武王以姜太公為師。
2. 齊桓以夷吾為仲父：齊桓公稱管仲（字夷吾）為仲父（仲，次也。敬重僅次於父親）。
3. 高帝優相國之禮：漢高祖劉邦禮遇蕭何。
4. 太宗假宰輔之權：漢文帝對丞相授權。
5. 亡新：已滅亡的新朝（王莽建立）。
6. 公輔：對三公（司空、司徒、司馬）的尊稱。
7. 刺舉：揭發、糾舉。
8. 勞心：用心。
9. 下士：皇帝尊重知識分子。
10. 屈節：放下身段。

語譯：（陳元上疏進諫漢光武帝）我聽說，把臣子當老師禮遇的，可以成就帝業；把臣子當朋友看待的，可以成就霸業。此所以周武王禮遇姜子牙如同老師（而成就帝業），齊桓公稱管仲為仲父（而成就霸業）。近世高祖劉邦禮遇蕭相國（劍履上殿，入朝不趨），文帝授權丞相（申屠嘉傳訊寵臣鄧通）。等到新朝王莽……剝奪三公的職權，貶損宰相的威嚴，以為查察隱私才是英明……。陛下應該用心結交知識分子，放下身段禮遇賢才，絕不應該讓有關單位去監察身居高位的三公。

名句的故事

朝廷官員多數推薦郭伋才德兼具，足以擔任大司空（三公之一，最高監察長官），但是劉秀任命李通（開國功臣，酬庸性質）為大司空。於是大司農上書建議：「由司隸校尉（京城衛戍司令，兼負治安之責）負責監察三公。」大司空辦公署的祕書長陳元則提出本文反對。

歷久彌新說名句

戰國初期，魏文侯禮賢下士，稱霸一時。

魏國宰相出缺，魏文侯徵詢李克的意見。李克從宮中出來，翟璜向他打聽：「國君將任命誰為宰相？」李克說：「大概是魏成吧！」

翟璜問：「我哪一點不如魏成？吳起、西門豹、樂羊都是我推薦的，他們都立了大功。我甚至還推薦你擔任中山太守，我哪一點不如魏成！」

李克說：「閣下推薦的確實都是人才，但是國君只不過用他們為臣。魏成推薦卜子夏、田子方、段干木，這三人都成為國君的老師。我由此推測魏成將被任命為宰相。」

名句可以這樣用

劉伯溫尚未出山時的文章中曾說「以臣為師者帝，以臣為友者王」。但是一旦他輔佐朱元璋當上了皇帝，立即體會「伴君如伴虎」，韜光養晦，才沒被殺。哪裡還奢望當皇帝的老師？

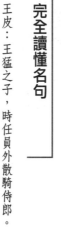

知子莫若父

名句的誕生

王皮[1]曰：「臣父丞相有佐命[2]之勳[3]，而臣不免貧賤，故欲圖富貴耳。」堅[4]曰：「丞相臨終託鄉，以十具牛[5]為治田之資[6]，未嘗為卿求官；知子莫若父，何其明也！」

～〈晉紀〉

完全讀懂名句

1. 王皮：王猛之子，時任員外散騎侍郎。
2. 佐命：王猛輔佐苻堅稱霸。命：此處意謂「天命」，也就是皇帝。
3. 勳：功勞。
4. 堅：苻堅。
5. 十具牛：十頭牛以及附屬耕作器具。
6. 治：經營。治田之資：耕田務農的本錢。

語譯：王皮說：「我的父親官居丞相，且有輔佐大位的功勞，可是我卻家貧位卑，所以（謀反）圖個富貴。」苻堅說：「丞相臨死把你託給我，只要求給你十頭牛，讓你務農營生，並未為你求官；最了解兒子的，莫如父親，看你如今的行為，可見他（王猛）多麼英明啊！」

名句的故事

前秦的東陽公苻陽、員外散騎侍郎王皮、尚書郎周虓三人陰謀叛變，事發被捕。

苻陽的父親是苻法，當初幫助苻堅政變成功，廢了暴君苻生，擁立苻堅。其後太后忌諱苻法太得人望，下詔賜死，苻堅為此哭泣嘔血。

周虓原本是東晉梓橦太守，前秦攻打梓橦，周虓退守涪城。秦軍久攻不下，乃挾持周虓的母親為要脅，周虓為救母親而投降。可是他對苻堅毫不假辭色，甚至公開稱呼苻堅是「氐賊」。

這三個人謀反，苻陽與王皮兩人的父親有輔佐大功，周虓從來不怕死。苻堅將他們三人全都赦免死罪，只放逐到邊疆。憑心而論，苻陽與周虓謀反還可以原諒，王皮卻罪無可追，苻堅說王猛「知子莫若父」，完全是念王猛之舊情饒王皮一死。

歷久彌新說名句

越王勾踐復國後，大夫范蠡棄政從商，成為鉅富，號稱「陶朱公」。

陶朱公的二兒子殺了人被囚在楚國。陶朱公派小兒子帶了千金去楚國營救二哥，但是大兒子堅持要去，只好改派老大去。孰料，老大到了楚國，未依陶朱公指示行事，捨不得花大錢請人求情，結果壞了事——楚王先下令處決陶朱公的二兒子，之後才宣布大赦。

陶朱公對此表示：「我早就知道會有這種結果。因為老大從小隨我創業，對錢財看得很重；老么出生時，家境已經很富裕，不會吝惜財物。」

這個故事應該是「知子莫若父」的最佳詮釋。

名句可以這樣用

知子莫若父、知臣莫若君、知弟莫如兄、知徒莫如師……你可以靈活運用。基本上，關係密切且位尊者了解位卑者都可以套用。但如果寫成「知師莫如生」那就不對了！

父子兄弟罪不相及

名句的誕生

卿[1]家國失和，委身投朕。賢子[2]心不忘本，猶懷首丘[3]，亦各其志，不足深咎。然燕之將亡，非令[2]所能存，惜其徒入虎口耳。且父子兄弟罪不相及，卿何為過懼而狼狽如是乎！

～〈晉紀〉

完全讀懂名句

1. 卿：慕容垂。前燕「吳王」慕容垂因不見容於當權者慕容恪，因此投奔前秦。本文是苻堅對慕容垂說的話，所以稱「卿」。
2. 賢子、令：慕容垂的兒子慕容令。
3. 首丘：相傳狐狸死時，將頭正對出生的山丘。古人以此喻「不忘本」。

語譯：你因為國家皇室失和，才來投奔我。你的兒子不忘本，懷念出生地，那也是人各有志，不必深責。然而，燕國必將滅亡，卻不是慕容令能夠挽救，只可惜他身入虎口罷了。而且，父子兄弟犯罪不該相互牽連，你為什麼因過度恐懼而狼狽至此呢？

名句的故事

慕容垂哪能不恐懼？因為他心裡明白，陷害他父子的人，正是當時最受苻堅信任、權力最大的王猛。

王猛是漢人，苻堅重用他而稱霸北方。這件事發生的起因是：王猛率三萬大軍伐燕，請求派慕容令參與擔任嚮導。行前，王猛拜訪慕容垂，神色從容地對慕容垂說：「我就要遠行了，有什麼東西可以送給我，讓我睹物思人？」慕容垂脫下佩刀相贈。

王猛大軍到了洛陽，買通一位慕容垂的親信金熙，讓他偽稱是慕容垂的使者，拿著佩刀去對慕容令說：「我們父子只是暫時棲身秦國，王猛猜忌我們，苻堅內心難測。如今我已動身回（燕）國，你最好趕快行動。」

慕容令猶豫了一整天，苦於無法求證，終於下決心奔回燕國。王猛當即上表陳述「慕容令叛逃」，慕容垂大為恐懼，隻身逃走，被追兵抓回去，但是苻堅展現了恢宏氣度，依然重用慕容垂。

前燕見苻堅仍然重用慕容垂，懷疑慕容令是反間諜，於是將他流放到沙城（今遼寧省）。

歷久彌新說名句

五胡十六國當中，鮮卑慕容氏就佔了四國，分別是前燕、後燕、西燕、南燕，還有一個旁支北燕。

熟讀金庸小說的讀者必定對《天龍八部》中的慕容復印象深刻。事實上，鮮卑慕容氏「失國——復國」的故事反覆上演，血淚斑斑，本文故事就是一個例子。金庸的小說人物自有其歷史背景由來，並非完全憑空想像出一個痴心復國的角色。

名句可以這樣用

「父子兄弟罪不相及」與「罪不及妻孥」意思相近，但用法稍有不同：前者宜用在「並非共犯」，後者宜用在「不要株連」。

良臣如猛虎

名句的誕生

趙王虎患貴戚豪恣[1]，乃擢殿中御史李巨為御史中丞，特加親任，中外[2]肅然。虎曰：「朕聞良臣如猛虎，高步[3]曠野而豺狼避路，信哉！」

～〈晉紀〉

完全讀懂名句

1. 恣：肆意、不受約束。豪恣：奢華浪費且不受法令約束，意味著賄賂與特權橫行。
2. 中外：朝廷（中央政府）與外州。
3. 高步：高視闊步。

語譯：後趙天王石虎厭惡貴族與外戚貪腐特權無節制，擢升殿中御史李巨為御史中丞（原本只負責金殿朝儀，現在負責全國監察業務。雖名為御史大夫之次，但當時御史大夫是「崇官」，位高無權，而御史中丞掌實權），特別親近且信任（所奏皆准），於是中央與地方風紀為之嚴整。石虎說：「我聽說：優秀的官員就像凶猛的老虎，在曠野中高視闊步，豺狼就躲得遠遠的。果然如此！」

名句的故事

「治亂世，用重典」肯定可以收一時之效，而建立司法威信由打擊特權著手，更能迅速得到人心的信服。石虎用李巨整飭政風，中外肅然，就是收到這個效果——權力集中石虎一人，無人敢反對。但是，權力如嗎啡般讓人上癮，石虎就上了癮！

先是動員工匠民伕四十餘萬人，在鄴城、洛陽、長安興建宮殿。然後下令河南四州儲備「伐晉」物資、晉陝四州儲備「伐涼」物資、河北三州準備「伐燕」物資，全國實施「三五發兵」（一家三丁抽二，五丁抽三）。於是人民荒廢田園、家戶搜括一空——只因為石虎認為他可以絕對控制臣民，也有能力統一天下。

但隨著軍事行動一再失利，石虎卻成為獨夫：虐殺嬪妃、虐殺大臣、虐殺自己的兒子……變成歷史上一名殘暴之君。

歷久彌新說名句

對照「豺狼當道，安問狐狸」一章來看，東漢由於外戚、宦官輪流秉政，一個個小皇帝哪有威信可言？於是「豺狼」當道。如果當時有良臣如猛虎，或許可以扭轉局面。但像張綱那種剛直之臣，只能說他勇氣十足，要想扳倒梁冀、中外肅然，是不可能的。

令人難過的是，歷史上暴君的身邊總是不缺猛虎一般的「良臣」助紂為虐；但衰世奸臣弄權時卻百官唯唯，沒有人可以對付權臣。

名句可以這樣用

猛虎可以剋制豺狼，所以李臣整飭了後趙的政風；但是苛政猛於虎，所以石虎搞垮了自己的帝國（他死後，四個兒子相攻伐，輪流做皇帝，合起來撐不到兩年）。所以，「良臣如猛虎」與「苛政猛於虎」之間如何找到最佳平衡點，是國家領導人想要長治久安的最大課題。

我不殺伯仁，伯仁由我而死

名句的誕生

王導後料檢[1]中書故事[2]，乃見顗[3]救己之表，執之流涕曰：「吾雖不殺伯仁[3]，伯仁由我而死。幽冥[4]之中負此良友！」

～〈晉紀〉

完全讀懂名句

1. 料檢：料理檢視、整理。
2. 中書：宮中文書。故事：舊事，指檔案。
3. 顗：周顗，字伯仁。
4. 幽冥：九泉之下的黑暗世界。

語譯：王導後來整理宮中舊檔案，發現周顗當初上表營救自己的文件，拿在手中流眼淚，說：「我雖然沒有殺伯仁，伯仁卻為了我而死。九泉之下對不起這位好朋友啊！」

名句的故事

王導身為宰相，幹麼去整理宮中舊檔案？因為他的弟弟王敦發動軍事政變成功，打進建康，清君側（除去政敵劉隗），大權在握。王導整理宮中文書，搞清楚哪些人是朋友，哪些人是對頭？

王導又怎麼對不起周顗？原來，王敦起兵後，王導畏罪，帶著宗族二十多人，每天到宮門外待罪。有一次看到周顗正要進宮，王導跪在地上呼喚周顗：「伯仁，我王家百口就在你手中了。」周顗頭也不回，直入宮中，見到晉元帝，力陳王導忠誠，文帝接受周顗所言，不殺王導。周顗愛喝酒，那一天在宮中喝醉了才出宮，王導等人還跪在那裡，又呼喚周顗，周顗仍不理會。回到家，又再上表陳述王導無罪。可是王導不知道，心中始終怒恨周顗。

王敦政變成功，大權在握後，開始秋後算帳。由於周顗聲望很高，王敦有所顧忌，乃徵詢王導意見。王敦三問王導，王導都不回答（不為周顗說情），於是王敦殺了周顗。

至於王導流淚表示對不起周顗，是否真心懺悔？有人說是惺惺作態。因為，魏晉南北朝時佛教開始流行，果報思想正盛，王導是擔心死後在冥府被清算，才流著淚說那番話的！

歷久彌新說名句

武則天當政時，任用狄仁傑為宰相。有一次，武則天問狄仁傑：「婁師德能力如何？」狄仁傑回答：「婁師德擔任將領能謹守邊陲，其他能力我不清楚。」武則天又問：「婁師德的識人能力如何？」狄仁傑答：「我曾經和他同事，沒聽說他有識人之名。」武則天這才說出：「朕賞識你，就是經由婁師德的推薦啊！他應該稱得上識人了。」狄仁傑出宮，嘆氣說：「婁公大德，我受他包容很久了，卻一直不曉得。」

周顗和婁師德是同一類人物，為善不欲人知。但是這種人常常吃虧，古今皆同。

名句可以這樣用

本句是第一人稱時使用，如果是第三人稱，可以用「伯仁之憾」。例句：雖然不是直接害到××，但△△心中仍不免懷有伯仁之憾。

貂不足，狗尾續

名句的誕生

倫[1]備法駕入宮，即帝位。尊帝[2]為太上皇，立世子荂為皇太子，……其餘黨與[3]皆為卿相，超階越次，不可勝紀；下至奴卒，亦加爵位。每朝會，貂蟬[4]盈座。時人為之諺曰：「貂不足，狗尾續。」

～〈晉紀〉

完全讀懂名句

1. 倫：趙王司馬倫。
2. 帝：晉惠帝。
3. 黨：同謀者。與：附從者。黨與：今稱黨羽。
4. 貂蟬：高官的冠飾，以蟬為圖案，以貂尾為配件。

語譯：（八王之亂）司馬倫乘坐皇帝的車仗入宮，即位為帝（事敗，無謚號）。尊稱晉惠帝為太上皇，立原本趙王世子司馬荂為皇太子……（重要幹部擔任宰相、將軍等，不細表），其他一同參與政變者都封高官，超越原先官階等級者記載不完。甚至地位低下的家奴、家丁也都封爵。每次朝會，舉座放眼盡是貂蟬裝飾的官帽。當時的人為這個現象做了順口溜以諷刺：「貂不足，狗尾續。」

名句的故事

八王之亂的根本原因是惠帝太蠢，諸王輕視朝廷；而導火線則是賈后廢了太子司馬遹（司馬炎所寄望的孫子），並且下毒害死了太子。

這一來群情激憤，於是大臣促請趙王司馬倫發兵清君側，殺了賈后。然後司馬倫自己稱帝，引發之後一連串的諸王相攻。

司馬倫稱帝之後，無術以當國，只好授官封爵來收買人心，不但滿朝貂蟬，甚至各地方推舉上來的賢良、孝廉等，都不考試就授官。結果，國庫收入不足以發薪俸，甚至侯爵的印信鑄造不及，用「白板」充當爵璽授勛。

歷久彌新說名句

戰國時，騶忌以口才遊說齊威王，威王授以相印。齊國賢士淳于髡往見騶忌，以五種隱喻向新宰相建言，騶忌「如響斯應」，淳于髡滿意地出門。這五個隱喻之一是「狐裘雖然破敗，不可以用黃狗的皮來補」，騶忌聽懂了，回答「我一定謹慎選擇君子任官，不容許小人混進執政團隊」。

本名句的字面意思是「封官爵太多、太快，官帽上的貂尾都缺貨了，只好用狗尾代替」。但更深一層的諷刺則是引用前述《史記》的故事，意指「這一大堆高官中，很多都是『狗尾』（小人），而非『貂尾』（君子）」。

名句可以這樣用

成語「狗尾續貂」雖是源出此典，但由於宋朝詩人周必大的詩句「公詩如貂不煩削，我續狗尾句空著」，乃成為專指文學方面接續他人著作的自謙之辭。當然也有用以批評另人續作遠不如原作，例如：「由××執筆的續集與原著相比，真是狗尾續貂了。」

上品無寒門，下品無勢族

名句的誕生

中正[1]之設，於損政之道有八：高下逐[2]強弱，是非隨興衰，一人[3]之身旬日異狀，上品無寒門，下品無勢族，一也。……由此論之，職名中正，實為姦府[4]；事名九品，而有八損；古今之失，莫大於此！

～〈晉紀〉

完全讀懂名句

1. 中正：魏晉實施「九品中正」制度，設「中正」於州郡，負責評定該地方人才等第，自上上、上中以次至下中、下下共九等，以之任官授職。
2. 逐：跟隨。用法同「隨波逐流」。
3. 一人：同一個人。
4. 姦：為惡。姦府：為惡之官府。

語譯：九品中正（的用人）制度有八項為害政治之處：評定等級高下視各人家族勢力而定，是非黑白視各人或家族興衰而定。因此，同樣一個人可能在十天之內有不同的評價（因為家族興衰起了變化）。以致於評定「上品」的名單當中絕對沒有出身寒微的人士，評定「下品」的名單當中也不會出現有勢力大家族之人，這是第一項為害之處。……由這八項害處來看的話，這個衙門名叫「中正」，實際上卻是為惡的官府；這個制度名叫「九品」，卻有八項害處。自古至今的所有不良政策，沒有比這個更大的了。

名句的故事

品人等級的風氣自東漢末年開始流行。最初是清流士大夫彼此互相標榜，以示與「閹宦」不同流。後來則交相援引，形成了世家大族包攬政治的局面。

曹操的父親曹嵩是十常侍之一曹騰的養子，因此被高門世家排斥。袁紹〈討曹操檄〉文中就指曹操是「閹宦遺醜」。曹操得勢之後，一方面與世家大族妥協，另一方面大力進用寒門士人，「九品中正」的原意是由官府負責評定人才等級，取代世家大族名士「品題人物」的流風。但是，後來仍不免為世族所壟斷，反而權貴子弟膺列上品，有了「官方認證」。

司馬懿屬於高門，司馬氏成為西晉皇室之後，才有人敢於提出「廢除九品中正」之議（曹魏時代不敢提）。但是既得利益集團的力量永遠大於智士仁人，所以始終沒有廢止。

歷久彌新說名句

九品中正的制度一直到唐朝開科舉士才完全廢除。中間經過五胡亂華與南北朝，北方世族南遷後，逐漸衰落，但是南方的在地豪族仍沿襲門第流風。反而北方由於胡人政權沒有包袱，講求唯才是用，後來形成「關隴胡漢集團」，隋、唐皇室都出自這個集團。

九品中正雖然廢除了，但是門第觀念卻始終存在，只不過標準變了——現代是以財產定高下。據統計，國立大學已經很少「家長職業欄為農林漁牧」的學生。原因呢？當然是教改造成的囉！沒錢補習或學藝能的學生吃虧嘛！

名句可以這樣用

台灣俗語有謂：「第一門風，第二祖公。」也是門第觀念之下的產物。

立子以長不以賢

名句的誕生

初[1]，帝[2]以太子[2]不慧[3]，恐不堪為嗣，常[4]密以訪[5]后[2]。后曰：「立子以長不以賢，豈可動也。」

～〈晉紀〉

完全讀懂名句

1. 初：之前、以前。
2. 帝：晉武帝司馬炎。太子：司馬衷，後來的晉惠帝。后：楊皇后，司馬衷之母。
3. 不慧：字面意思是「不夠聰敏」。其實是「生性愚笨」。
4. 常：應為「嘗」之誤植。
5. 訪：詢問、諮詢意見。

語譯：之前，晉武帝司馬炎認為太子生性愚笨，恐怕擔不起未來的國家重任，曾經私下問皇后（換儲君）的意見。皇后說：「立太子首要考慮的是嫡長制度，而不是考慮天資聰愚，怎麼可以輕易更換。」

名句的故事

歷史上最有名的蠢皇帝晉惠帝就因為嫡長制這頂大帽子而登基。這句括出自《春秋公羊傳》：「立嫡以長不以賢，立子以貴不以長。」這兩句奠定了嫡長制的原則，也就是皇后的兒子才能被立為太子，如果皇后不只一個兒子，就立較年長那一個為太子。

繼本文之後的故事是：楊皇后病重，深恐司

馬炎會立胡貴嬪為后，將危及太子地位。於是臨終時推薦自己的堂妹繼她之後為皇后，司馬炎流著眼淚承諾。因此，楊氏「一門二后」，而晉惠帝坐穩太子寶座。

司馬炎徵詢楊皇后的用意何在？他的用意是：由楊皇后認皇子中的一位為子，將來承繼大位。其實這是嫡長制無可動搖之下的最佳安排，未來的皇帝應該會好好對待這位讓位給他的皇兄。但是楊皇后無此遠見，以致晉惠帝因為太愚蠢，引起八王之亂，斷送了西晉帝祚。

歷久彌新說名句

晉武帝司馬炎並不是一個糊塗皇帝，他之所以一直猶豫，最終未更換太子，是因為有一個很聰慧的皇孫司馬遹。司馬炎在世時，就封司馬遹為廣陵王，並且親自為他挑選師傅以及幕僚，培養「第三梯隊」的意圖至為明顯。

相似的情境出現在清朝康熙皇帝的身上。

康熙晚年，諸皇子奪嗣（八王奪嫡）的動作白熱化，甚至朝中大臣也都「西瓜偎大邊」，令康熙苦惱不已。康熙臨終遺命（雖然這個遺命備受爭議）皇四子胤禛繼位（雍正帝），就是看中胤禛有一個很優秀的兒子弘曆（乾隆帝）。

然而，司馬炎與康熙的結果卻迥然不同：司馬遹被立為太子，但沒幾年就被廢掉，之後就是八王之亂；弘曆被立為太子，後來成為光大清朝國威的乾隆皇帝。

話說回來，兩位聰慧皇孫之所以結局如此不同，問題仍出在皇太子，晉惠帝司馬衷其笨無比，而清雍正帝愛新覺羅胤禛卻精明能幹。

名句可以這樣用

王國維曾指出「立子以長不以賢」，可以增加政權的穩定性，但是，嫡長子如果笨到不堪輔佐，就不是國家之福了。「立嫡以長不以賢」害得歷史上一再出現笨皇帝、壞皇帝、爛皇帝；「立子以賢不以長」更加入了門第觀念與階級意識——再強盛的帝國也打不過ＤＮＡ的衰退。

人心不同，各如其面

名句的誕生

人心不同，各如其面。面從後言[1]，古人所誡[2]。戲[3]欲贊吾是邪，則非其本心；欲反吾言，則顯吾之非。是以默然，是戲之快[4]也。

～〈魏紀〉

完全讀懂名句

1. 面從後言：當面服從，背後發牢騷。
2. 誡：告誡。
3. 戲：楊戲，時任東曹椽。
4. 快：此處作「厚道」解。

語譯：（蔣琬說：）每個人作風不同，猶如每個人臉孔各不相同。當面點頭稱是，背後議論批評，古人曾經告誡不可如此。楊戲如果贊同我的主張，則違反他的本心；如果表示反對，又怕彰顯我的過失。所以他只好採取默然不應，這是楊戲厚道的地方啊！

名句的故事

諸葛亮死後，蔣琬擔任蜀漢大司馬大將軍。屬下幕僚楊戲性情「簡略」，經常在討論問題時，不回應蔣琬。有人對蔣琬說：「楊戲這種態度，也未免太傲慢了吧！」蔣琬乃做了前述說明。

另一個批評蔣琬的是督農（屯墾督導官）楊敏，他批評蔣琬「做事沒魄力，不如前任」（前任是諸葛亮）。有人向蔣琬報告，蔣琬說：「我確實不如前任，不必追究此事。」

蔣琬是諸葛亮在〈後出師表〉中推薦的繼任

人，劉阿斗也照諸葛亮的「遺言」任用了所有被推薦的人。此所以蜀漢還可以在諸葛亮死後撐住局面近三十年才亡。

歷久彌新說名句

蔣琬的一段話引用了兩個典故：

春秋鄭國的執政子皮，有意將執政的位子讓給子產，自己只管家族的事情。子產對子皮說：「人心之不同，如其面焉……」意思是：每個人作風不同，我的作風一定會和你不一樣。子皮聽懂他話中的意思，於是將執政重任完全無保留地交付子產，子產因而能有所作為。

上古時代，舜重用禹，並對禹說：「汝無面從，退有後言。」意思是：有意見就說出來，咱們君臣間不要有保留。舜後來將王位禪讓給禹。

蔣琬引用了兩個歷史典故，雖然他的意思和原典不同，但辭句引用恰當，絕無引喻失義的問題。而子產那一句名言，則因蔣琬的修改，沿用至今都是「人心不同，各如其面」。

名句可以這樣用

中國大陸文化大革命期間，一首批評林彪的打油詩：「語錄不離手，萬歲不離口，當面說好話，背後下毒手。」將「面從後言」刻畫得更為傳神。

面相學中又有「相隨心轉」的說法，這為「人心不同，各如其面」添加了一重意思。

名如畫地作餅，不可啖也

名句的誕生

帝[1]深疾[2]為浮華之士，詔吏部尚書盧毓曰：「選舉[3]莫取有名，名如畫地作餅，不可啖[4]也。」毓對曰：「名不足以致[5]異人而可以得常士；常士畏教[6]慕善，然後有名，非所當疾也。」

～〈魏紀〉

完全讀懂名句

1. 帝：魏明帝。
2. 疾：厭惡。深疾：非常厭惡。
3. 選舉：遴選拔舉。不是現代民主政治投票選舉之意。
4. 啖：吃。
5. 致：羅致、得到。
6. 教：教化。畏教：接受教化。

語譯：魏明帝非常厭惡浮華不實的知識分子，詔令吏部尚書（掌管人事行政）盧毓說：「遴選人才不要選用有名的人，名聲猶如畫在地上的餅，不能吃的。」盧毓回奏：「依知名度遴才雖然不能羅致到特殊優秀人才，但可以得到正常的人才。一般知識分子肯接受教化，朝好的方向發展，才會受社會肯定而有名聲，這種人不應該討厭他們。」

名句的故事

魏明帝後來接受了盧毓的說法，下令散騎常侍劉邵草擬「考課法」（猶今日公務員考績法），完成後交給百官討論。

結果，朝中一片反對之聲，考課法「久議不決」，最終不能實施。

反對的意見包括：一、只要大臣能夠盡忠職守，就不必細細苛求一般公務員的考績；二、這一套考績法尚未臻完善，不宜遽予實施；三、國家大政策應該優先決定，政策尚未明確卻對公務員仔細要求，又怎麼分辨一個公務員是賢、是愚？

歷久彌新說名句

事實上，那個時代（東漢末到南北朝）的社會階層劃分很嚴，世族高門享有政治上的優越地位，名士之間更相互標榜、拉抬身分。

曹操因為是宦官後代，門第不高，雖因亂世出英雄而淹有天下，但仍不得不與世家大族妥協。為此，曹魏帝國訂立了一個「九品中正」制度以選拔人才。但是「中正」（負責評定等級）官員又憑什麼標準來定「品」？結果還是受權門的影響。

此所以劉邵的「都官考課法」遭到世族代表的圍剿，而不能實施。

（有關「九品中正」制度，請參閱「上品無寒門，下品無勢族」一章）

名句可以這樣用

成語「畫餅充飢」就是從這個典故所衍生。原典專指浮華之士的虛名不堪實用，成語則泛指所有不切實際的空想皆無濟於事。

巧詐不如拙誠

名句的誕生

《傅子》[1]曰：巧詐不如拙誠，信矣。以曄之明智權計[2]，若居[3]之以德義，行之以忠信，古之上賢，何以加諸[4]！獨任[5]才智，不敦誠愨[6]，內失君心，外困於俗，卒以自危[7]，豈不惜哉！

～〈魏紀〉

完全讀懂名句

1.《傅子》：晉朝傅玄所著書。
2. 明智權計：聰明、智慧、反應敏銳、精密算計。
3. 居：守。把握原則。
4. 諸：「之乎」的合音。加諸：即「加之乎」，比他更多、超過他呢！
5. 獨任：只信任自己。
6. 愨：敬謹、謙誠。
7. 卒：終於。自危：危及自己。

語譯：傅玄評論這一段歷史：行詐偽者再怎麼精心布置也不如單純地誠懇行事，在此得到印證。以劉曄之聰明才智、精於算計，如果把握道德與仁義原則，行為忠誠守信，即令是古代的大賢也未必比他高明。但是他依恃自己的聰明，不能崇尚誠懇、謙虛，結果內失皇帝信賴，外受輿論攻擊，最終害了自己，真是可惜啊！

名句的故事

魏明帝信任侍中劉曄，而劉曄是一個很會耍

手段的人物：

明帝想要伐蜀，大臣都說「不可」；劉曄入宮與皇帝議事，說「可伐」，但出來與朝臣討論卻說「不可」。而且他說「可伐」與「不可」，都有一番動聽的道理。

魏明帝另一位近臣楊暨反對伐蜀最力，明帝對他說：「你是個書生，懂什麼軍事？」楊暨說：「劉曄也說不可。」明帝說：「劉曄跟我議事時都說可伐。」於是召劉曄入宮對質，但是劉曄閉口不語，等到只剩皇帝與劉曄兩人時，劉曄說：「軍國大事怎麼可以公開討論？只怕敵國已經知道了。」劉曄出宮，責備楊暨說：「釣大魚都得放長線，等牠力竭才能收線。君主之威更非大魚可比。你雖然是個正直的大臣，可是你的方法仍有改進的必要。」

但是，這一套用久就不靈了。魏明帝派劉曄出任大鴻臚。那是外官，劉曄本來任侍中是近臣，改任外官即意味受皇帝疏遠，劉曄因而發狂，最後憂鬱以死。

歷久彌新說名句

宋朝呂祖謙著《東萊博議》，評論「宋襄公以仁義之師自許卻大敗」，以及楚漢相爭時期「成安君陳餘不接受李左車的計謀而大敗」這兩段時說：「以偽君子對真小人，持一日之誠，而欲破百年之詐，安得不敗哉？」

易言之，「拙誠」必須是單純而一貫地堅守正道。若是偽君子假裝誠懇，那還不如真小人。

名句可以這樣用

在社會節奏十倍速的時代，奸巧小人往往能得意於一時。因此，「巧詐不如拙誠」不容易印證其正確。唯有堅定信念者能長期堅守誠信。

羊質虎皮，見草而悅，見豺則戰

名句的誕生

臣聞羊質[1]虎皮，見草則悅，見豺則戰[2]，忘其皮之虎也。今置[3]將不良，有似於此。故語曰：「患為之者不知，知之者不得為也。」

～〈魏紀〉

完全讀懂名句

1. 質：借。
2. 戰：發抖。用法同「戰慄」。
3. 置：派用。（放在某個位子上）

語譯：我聽說，一隻羊即使蒙上了虎皮，仍然會見了草就喜悅，見了豺狼就發抖，因為牠忘了身上披著老虎皮。如今派駐邊疆的將領不夠優秀，就類似「羊質虎皮」。前人的格言：

「最怕的就是該負責任的人不會做事，而會做事的人卻沒有機會做事。」

名句的故事

曹丕篡漢，建立魏國以後，防備諸王（自家兄弟）的法令非常嚴厲，甚至姻親之間，都不敢來往。

東阿王曹植上書給侄兒魏明帝曹叡，力陳親人比外人更可信任的道理，本文就是其中的一段。然而，曹植正是當年與曹丕爭奪魏王世子的主角，曹丕後來對諸王下禁制令，主要就是擔心曹植、曹彰等心懷不服的兄弟（參閱「貧不學儉，卑不學恭」一章）。如今叔叔上書侄兒，侄兒又豈能放心？

同時，曹植的文采是沒話說的，但是就因為

恃才傲物，他的文章總不免「傷人入骨」。例如〈與楊德祖書〉中的名句：「蘭茝蓀蕙之芳，眾人所好，而海畔有逐臭之夫。」就令人拍案叫絕，但卻是得罪人的文章。

結果呢？魏明帝下詔：「我已經十二年沒見到諸王，悠悠情懷，能不思念？特此令諸王及宗室公侯，各派一位嫡子前來京師，參加明年元旦朝會。但是，以後若再發生幼主臨朝的情形，仍依照先帝的規定辦理。」——還是不放心。

歷久彌新說名句

曹植這十二個字並非自創，而是引用西漢揚雄《法言》裡的一則寓言：

某人問：「若有自稱姓孔、字仲尼的人，進入孔子的家，趴在孔子的案上休息，穿上孔子的衣服，這個人可以算是孔子嗎？」揚雄回答：「他外表模仿孔子，但本質不是孔子。」某人又問：「何謂本質？」揚雄：「羊質虎皮，見草而悅，見豺則戰。就是這個意思。」

名句可以這樣用

後世以「羊質虎皮」比喻一個人虛有其表，相近意思的佳句「金玉其外，敗絮其中」，俗語則是「繡花枕頭一肚子草」。但是都不如原句十二字來得傳神。

腐木不可以爲柱，人婢不可以爲主

名句的誕生

（劉輔[1]諫立趙飛燕[2]為皇后）今乃觸情縱欲，傾於卑賤之女，欲以母天下[3]，不畏于天，不愧于人，惑莫大焉！里語[4]曰：「腐木不可以為柱，人婢[5]不可以為主[6]。」天下之所不予[7]，必有禍而無福，市道[8]皆共知之，朝廷[9]莫肯一言。臣竊傷心，不敢盡死[10]！

～〈漢紀〉

完全讀懂名句

1. 劉輔：漢皇室族人，成帝時任諫大夫。
2. 趙飛燕：漢成帝寵妃，後來當皇后。成語「燕瘦環肥」就是指趙飛燕與楊玉環，前者體態輕盈「楚腰纖細掌中輕」，後者體態豐腴「溫泉水滑洗凝脂」。
3. 母天下：立為皇后，母儀天下。
4. 里語：俗語、俚語。
5. 人婢：婢女。《漢書》上這兩字用「卑人」，比較沒有性別歧視之意。
6. 為主：當主人。
7. 不予：拒絕、排斥。
8. 市道：鬧市與小巷。意指「路人」。
9. 朝廷：參與廷議的眾官。
10. 盡死：冒死（上奏）。

語譯：（陛下一直沒有子嗣，就應該敬畏天命，慎選有德人家的淑女）如今卻放縱情慾，傾心於出身低下的女子，還要封她為皇后。如此作法對上天毫不敬畏，對人民毫不羞愧，真是昏庸到了極點。俗話說：「腐木不可以當柱子，低賤的婢女不可以當主人。」上天和人民都拒絕的人，必定只會帶來禍患而非福氣。這個道理連街巷小老百姓都知道，但是朝中大臣卻沒有一個人敢發言。我非常痛心，不敢不冒死以聞。

名句的故事

西漢成帝寵愛趙飛燕、趙合德姊妹，趙氏姊妹陷害許皇后，成帝廢后再立趙飛燕為后。這個過程當中，唯一的阻力是趙飛燕的出身微賤。

成帝想出一招：封趙飛燕的老爸趙臨為咸陽侯（侯爵之女，出身就高貴了）。這項命令引發了劉輔的強諫。

劉輔為什麼「敢言人所不敢言」？因為他是皇族宗室，拚命想維持貴族的勢力範圍不被下層階級「入侵」。也就是說，他代表了龐大既得利益集團。因而，當成帝大怒要治劉輔之罪（通常是斬首）時，就有許多重臣出來為他說情，最後免了死刑，只罰他為皇家宗廟砍柴三年。

眾大臣在此之前噤不敢言，後來為什麼又敢幫劉輔說情？那是因為皇太后王政君動員他們出來講話。

趙飛燕姊妹受到如此強大的敵視，只能在枕頭邊運用美色反擊——後宮妃嬪有懷孕或生子者，都被趙氏姊妹設計害死，在當時稱為「燕啄王孫」。於是，漢成帝沒有後嗣。

成帝死後，太后王政君以太皇太后名義臨朝，立一個二歲大的小皇帝（漢哀帝），由王政君的侄兒王莽輔政。最後，王莽篡了漢朝。

如果，當初劉姓貴族沒有排斥趙飛燕，趙飛燕是否後來就不會強力反擊，而漢成帝得有子嗣，王莽就篡不了漢了呢？誰也不知道。

無論如何，劉輔的門第觀念與性別歧視害了大漢帝國。但是，以往的史家並沒有今日「人生而平等」的觀念，反而認為劉輔的諫言對極了，稱讚不已。

的宰予而發——孔子以行為而非以出身論定一個人，才是正確的觀念。

歷久彌新說名句

東漢殤帝時，水災造成歉收，歉收導致流民，流民轉為盜匪。但是各地方政府（郡國）卻報喜不報憂，甚至掩匿盜賊。皇帝敕責負責查姦的司隸校尉與部刺史：「各地方刺史依職責應該查報，卻與地方官（郡守、國相）狼狽為奸，『不畏于天，不愧于人』，今後要將這種敗類揪出來處罰。」

「不畏于天，不愧于人」語出《詩經．小雅》。用在這裡就很貼切，用在前述劉輔的諫書就未必中肯。

至於「朽木不可以為柱」，這是常識，市道小民皆知；但是「卑人不可以為主」卻充滿了階級歧視。如果這句話是對，那麼「將相本無種」就是錯的嘍?!人就生而不平等嘍?!

名句可以這樣用

《論語》：「朽木不可雕也，糞土之牆不可杇也。」是針對上課做白日夢，不肯用心向學

天下乃天下人之天下

100

人思明君，猶赤子之慕慈母

名句的誕生

秀披[1]輿地圖[2]，指示[3]鄧禹曰：「天下郡國如是，今始[4]乃得其一，子前言以吾『慮天下不足定[5]』，何也？」禹曰：「方今海內殽[6]亂，人思明君，猶赤子之慕[7]慈母。古之興者在德薄厚，不以大小也。」

～〈漢紀〉

完全讀懂名句

1. 披：展開。
2. 輿地圖：《淮南子》：「以天為蓋，以地為輿，四時為馬，陰陽為御。」這是以乘車來比喻空間與時間。今言地圖，乃輿地之圖的簡稱。
3. 指示：以手指圖說明。
4. 始：方才。
5. 慮天下不足定：不必擔心天下不能平定。
6. 殽：動盪。
7. 慕：思慕、渴盼。

語譯：劉秀展開地圖，用手指著對鄧禹說：「天下郡國這麼多，如今我們才得了一個（當時劉秀擊敗王郎，得鉅鹿郡）；你之前對我說『不必擔心天下不能平定』，為什麼？」鄧禹說：「如今天下動盪紛亂，人民渴望出現一位英明的君主，好比小孩子思慕戀母一樣。古代帝王興起，只在於他的品德厚薄，而不在地盤大小。」

名句的故事

劉秀擔任更始政權的大司馬，領軍征伐盤踞邯鄲的王郎，先攻下鉅鹿，才算有了自己的根據地。之後攻下五郡二十二縣，更始皇帝劉玄封劉秀為蕭王，召他還師。

在此之前，劉玄疑忌劉縯、劉秀兄弟，藉故殺了劉縯，劉秀因表現恭順而未被殺。如今好不容易有了地盤，劉秀豈肯回去？於是在黃河以北地區掃蕩各地小股變民，擊敗銅馬、赤眉兩大變民集團（參考「推赤心置人腹中」一章），收編他們的軍隊。

劉秀取天下的事業自此一帆風順，果然「四海不足定也」。

歷久彌新說名句

擊敗王郎之後，劉秀麾下另一員大將耿弇鼓勵他進取天下，也用了「百姓患苦王莽，復思劉氏，聞漢兵起，莫不歡喜，如去虎口得歸慈母」這樣的說法。

之後，劉秀擊潰赤眉，赤眉擁立的傀儡皇帝劉盆子投降，「丞相」徐宣也對劉秀說：「今日得降，猶去虎口歸慈母，誠歡誠喜！」

王莽是「虎口」，起義軍更始也是「虎口」，甚至劉盆子君臣都視赤眉為「虎口」——最慘的是老百姓，政權轉換了，「虎口」卻彼落此起。古今昏君、暴君其實比明君、仁君多得多，人民當然思慕嘍！

名句可以這樣用

商湯伐紂，人民「如大旱之望雲霓」，爭相傳言「奚我后，后其來蘇」（等待我的國君，國君來了，我們的痛苦就解除了），和本句是一樣的意思，一樣的用法。

貧無立錐之地

名句的誕生

秦用商鞅之法，除井田，民得賣買。富者田連阡陌[1]，貧者亡[2]立錐之地。邑[3]有人君之尊，里[4]有公侯之富，小民安得不困！

～〈漢紀〉

完全讀懂名句

1. 阡陌：農田的界埂，東西為阡，南北為陌。田連阡陌意指「土地一望無際」。
2. 亡：同「無」。
3. 邑：縣城。
4. 里：村里。

語譯：秦國採用商鞅的制度以來，廢除了周朝的井田制，人民可以自由買賣土地（土地兼併的結果）。富豪的田地一望無際，貧窮人家連豎立一個錐子的地都沒有。縣城裡有人尊貴如國王，村里間有人富比公侯。貧富如此懸殊，小老百姓怎麼可能不困苦？

名句的故事

這段話是引述漢武帝時董仲舒的建言，他主張限制人民擁有土地的數量，遏止富豪施行土地兼併，取消主人可以殺奴、婢的權力。簡單說，就是抑制豪強之家。

這個主張到了東漢成帝時又被提出來，成帝交付廷議，丞相孔光、大司空何武擬議：「自諸王、列侯、公主以次，擁有田地都有規定限制，關內侯（有爵位無封邑）及官員、人民不准超過三十頃，奴婢人數不得超過三十人，而且蓄奴婢的期限三年，滿期應放還。」

此議一出，土地與奴婢的價格立即劇烈下跌。這下子造成貴戚的利益受損，於是從中竭力阻撓，結果詔書一直不頒下，限田政策也就不能實行。

歷久彌新說名句

打開二十五史〈食貨志〉，一再看到「豪人之室（房屋）連棟數百，膏田滿野，奴婢千群，徒附不計」、「大族田地有餘，而小民無立錐之地」、「豪族……勢利傾於邦君，儲積富乎公室……牛羊掩原濕，田池布千里」、「強宗巨室阡陌相望，而多無稅之田，使下戶為之破產」等等類似的描述。足見土地兼併問題在歷朝歷代都造成貧富懸殊，成為社會不安的最主要原因。

西漢建立監察制度，中央派刺史巡察郡國，以「六條問事」（專注監察六項弊端），其中就有兩條：「強宗豪右田宅踰制，以強凌弱，以眾暴寡」、「二千石（郡守）阿附豪強，通行貨賂，割損政令」。可見土地兼併的重要成因之一，就在於官商勾結。但是「為政之道不得罪巨室」，巨室往往有辦法影響政策，小老姓乃無翻身之日。

名句可以這樣用

「貧無立錐之地」在農業社會用以形容貧農頗為傳神。但用在今日的都市白領階級租屋族卻未必適用，因為雖然並非很窮，可是卻買不起房子——無立錐之地的中產階級還真不少，究其原因則是土地比以前更貴、貴得多多。

易言之，雖無立錐之地，但租屋族未必是貧戶。

君者舟也，民者水也

名句的誕生

君者，舟也；民者，水也；群臣，乘舟者也；將軍兄弟[1]，操檝[2]者也。若能平志[3]，畢力[4]以度[5]元元[6]，所謂福也；如其怠弛，將淪波濤，可不慎乎！

～〈漢紀〉

完全讀懂名句

1. 將軍兄弟：大將軍梁冀及其弟梁不疑。
2. 檝：同「楫」，船槳。
3. 平志：無有二心，專心致志。
4. 畢力：竭盡全力。
5. 度：以舟為喻，「度」（同渡）就是為舟中之人（國人）服務的意思。
6. 元元：百姓。

語譯：國君好比一艘船，人民就是水，政府官員是乘船的人，大將軍兄弟執掌朝政好比操船人。如果能夠心無二致，全力以赴為人民服務，那就是福；如果怠忽職守，勢將被波濤吞沒，怎麼能夠不敬慎行事呢？

名句的故事

「豺狼當道，安問狐狸」一章提到，東漢朝廷裡有一群不畏權勢的書呆子，前仆後繼地站出來彈劾跋扈將軍梁冀，如飛蛾撲火般勇敢卻又不自量力。

本文話語出自又一位不怕死的書生皇甫規。當時朝廷命令州郡推舉賢良方正之士到中央政府做官，皇甫規就在其中。這些地方人才到了京師，每個人要做「策對」（時政建言，等於考文章與見解），皇甫規就在策對中提出對大將軍的評言。結果梁冀大為光火，將皇甫規列名「下等」，派一個「郎中」（無職掌）的官。

皇甫規見情況不妙，告病請歸。但梁冀仍不罷休，私下指示州郡官員陷害皇甫規，好幾次差點死掉。皇甫規一直在家「避禍」十四、五年，直到梁冀伏誅，才又被朝廷徵召做官。

歷久彌新說名句

漢靈帝時，內亂有黃巾張角、外患有西羌入侵。諫議大夫劉陶上書條陳「要急八事」，文中提到一個觀念「國安則臣蒙其慶，國危則臣亦先亡」。這個觀念正是皇甫規前文的主旨：「國家是皇帝的，臣子是吃皇家的俸祿，所以要盡心為人民服務，以鞏固皇帝的政權基礎。」這也是中國傳統知識分子的忠君思想主軸之一。

但這也是像梁冀這種權臣（李林甫、蔡京、嚴嵩等皆是）之所以猛撈、狠撈，唯恐不及的原因所在——天下又不是我的，我只有趁得勢時盡量撈。

名句可以這樣用

《貞觀政要》中，魏徵對唐太宗說：「君臣聞古語云：君舟也，人水也。水能載舟，亦能覆舟。」所謂古語，就是本章典故。而魏徵的警語說得太好，所以我們今日更常用「水能載舟，亦能覆舟」。

天生民而樹之君

名句的誕生

天生[1]民而樹[2]之君，使司牧[3]之，非以兆民之命窮一人之欲也。……陛下踐阼[4]以來，已作殿觀四十餘所，加之軍旅數與，餽運[5]不息，饑饉、疾疫、死亡相繼，而益思營繕，豈為民父母之意乎！

～〈晉紀〉

完全讀懂名句

1. 生：養育。
2. 樹：立。
3. 司：管理。牧：養育。
4. 阼：主階，此處指皇位。踐阼：即帝位。
5. 餽：送。餽運：此處專指軍糧運輸。

語譯：上天為了養育人民而立君王，讓君王來管理養育人民，並不是要以所有人民的身家性命來滿足一個人的欲望。……陛下即位以來，已經建了四十餘座宮殿。加上軍事行動不斷，糧秣運輸沒停過。民間接連發生饑荒、瘟疫和死亡。在這種情況之下，陛下仍要興建新的宮殿，這豈是做為人民父母的本意？

名句的故事

漢趙（五胡十六國之一）皇帝劉聰封貴嬪劉娥為皇后，下令為她蓋一座「凰儀殿」。廷尉陳元達極言直諫，本文是陳元達進諫的部分。

陳元達措詞直接，劉聰為之勃然大怒，說：「我身為天子，要蓋一座宮殿難道還要問你這隻小老鼠（鼠子）的意見？」下令拖出去斬了，連同妻子一同在東市梟首，讓他們跟群鼠同穴（市場老鼠一定多）。

朝中大臣包括大司徒、光祿大夫、驃騎大將軍等一起為陳元達求情，叩頭、流涕不止。劉皇后也由後宮送「手疏」上奏，表示「臣妾實在無面目侍候皇上，請賜死」。劉聰這才醒悟，請叩頭的大臣就座，召見陳元達，給他看劉皇后的上疏，說：「在外有你這樣的忠臣，在內有這樣的皇后，我還擔憂什麼呢？」

歷久彌新說名句

春秋時，一個小國國君邾文公計畫遷都。卜卦顯示「卦象利於民而不利於君」。邾文公說：「苟（只要）利於民，孤之利也。天生民而樹之君，民既利也，孤必與（有份）焉。」於是遷都到「繹」。

不久，邾文公果然死了。後來，魯國攻打邾國，魯大邾小，但是邾人奮勇而打敗魯國。《左傳》評論：就是因為邾文公愛民，所以人民才奮勇為國君而戰。

陳元達的名言應是引申自《左傳》。

名句可以這樣用

《戰國策》趙威后對齊國使者說：「苟無民，何以有君？」孟子也說：「民為貴，社稷次之，君為輕。」與本句同為古代民本思想的名句。

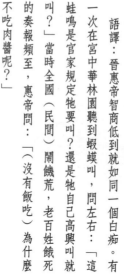

何不食肉糜

名句的誕生

帝[1]為人戇騃[2]，嘗在華林園聞蝦蟆，謂左右曰：「此鳴者，為官[3]乎，為私乎？」時天下荒饉，百姓餓死，帝聞之曰：「何不食肉糜[4]？」

～〈晉紀〉

完全讀懂名句

1. 帝：晉惠帝。
2. 戇：音ㄓㄨㄤˋ，愚。騃：音ㄞˊ，癡。
3. 官：公家。宋時皇家亦稱官家。反正「朕即天下」，皇家就是公家，就是官家。
4. 糜：物體攪碎。用法如「糜爛」。

語譯：晉惠帝智商低到就如同一個白痴。有一次在宮中華林園聽到蝦蟆叫，問左右：「這蛙鳴是官家規定牠要叫？還是牠自己高興叫就叫？」當時全國（民間）鬧饑荒，老百姓餓死的奏報頻至，惠帝問：「（沒有飯吃）為什麼不吃肉醬呢？」

名句的故事

晉惠帝司馬衷終於即了帝位（參閱「立子以長不賢」一章），這個蠢皇帝還真有福氣：

起初，大臣和嶠憂心太子智商不足，對武帝司馬炎說：「太子有淳古之風（古人單純，不事詐偽，和嶠是婉轉曲意），但是近世風氣詐偽，恐怕將來撐不住大局。」司馬炎乃交代荀勗與和嶠「多教導太子」。過了一段時間，司馬炎垂詢他倆：「太子有沒有進步了？」荀勗說：「太子見識英明，氣度優雅。」和嶠仍直言：「太子程度一如以往。」司馬炎聞言不悅，站起身就走。

等到惠帝即位後，皇后賈南風問和嶠：「你今天怎麼說？」和嶠回答：「我的話不應驗，是國家的福氣。」福氣？那是司馬衷一個人的福氣，是賈皇后一家人的福氣，卻是全國人民的大災難！

後來，晉惠帝是因為「食餅中毒」暴斃，有一說是東海王司馬越（八王之一）下的毒——還好不是吃肉糜，否則諷刺性更強。

歷久彌新說名句

一個白痴皇帝說「何不食肉糜」，是因為他的智商太低，他平常不吃飯時就吃肉糜，所以直覺反應如此。

然而，這一句名言後來引申為「當政者不恤人民苦痛」的意思。

《水滸傳》寫晁蓋、吳用等「智劫生辰綱」一段，白勝扮作挑酒漢子，口中唱著：

赤日炎炎似火燒，野田禾稻半枯焦。
農夫心內如湯煮，公子王孫把扇搖。

這四句詩道盡官家不知民生疾苦，人民怨恨不仁政府，期待有人「替天行道」的心情。

名句可以這樣用

「日頭赤炎炎，隨人顧性命」是台語流行歌的兩句歌詞，正意味著政府不但無能解決人民的苦痛，卻有著「何不食肉糜」的心態。

非我族類，其心必異

名句的誕生

夫關中土沃物豐，帝王所居，未聞戎狄宜在此土也。非我族類，其心必異。……今我遷之，傳食[1]而至，附其種族，自使相瞻[2]，而秦地[3]之人得其半穀，……

～〈晉紀〉

完全讀懂名句

1. 傳食：沿途供應食物。
2. 瞻：顧。相瞻：互相照顧。
3. 秦地：關中地區是古秦國。

語譯：關中土地肥沃、物產富饒，歷史上是帝王建都的地方，未曾聽說蠻夷民族適合那片土地。不是我們同一族群的人，永遠不會與我們同心。……如今將他們遷回原始居住地，沿途供應糧食，一直送達目的地。讓他們和故土的同族人一同生活，互相照顧。這樣，關中地區的老百姓可以得到蠻族遷走後省下來的一半糧穀（亦即蠻族占關中人口之半數）……

名句的故事

本文摘自晉惠帝時江統的〈徙戎論〉。江統在文中細述胡人進入中國的幾波大遷徙：東漢馬援擊敗叛變的羌族，將他們遷至關中，讓他們開墾馮翊、河東一帶的荒田；三國時曹操把武都的氐族遷到秦川，用他們捍衛魏蜀邊界。而江統未寫到的是南匈奴呼韓邪單于內附。

總之，當時中國北方已經有很大量的胡民族，江統堪稱高瞻遠矚，預見後來五胡亂華的火藥已經埋在關中地區。

然而，江統未見及，或心裡明白但刻意曲解的是：漢人政權本身實力不夠，所以才由咸陽遷都到洛陽，而將無力照顧的關中地區丟給胡人去開墾。由於關中地區自秦以來就建設了很好的水利設施，所謂「人勤地不懶」，胡人將關中又開墾成為物產富饒的地區，此時說要將胡人遷回故地，還說什麼「非我族類，其心必異」，實在是不公平的。

事實上。江統在意的是：一、胡人繁衍太多，對西晉帝國已構成威脅；二、關中地區人口密度太高，糧食已不夠吃。但是他和西晉領導人卻都未思考「遷移過剩人口開墾更多田地」的政策，只會算計「蠻族遷走後省下的一半糧食」。

歷久彌新說名句

七十多年之後，西晉已亡於五胡亂華。胡人建立的十六國在中國北方相互攻伐、此興彼滅。一度稱霸北方的前秦苻堅，以諸氐（族人）鎮守四方，而用鮮卑族、羌族為中央官員。他的弟弟苻融勸諫：「鮮卑慕容族只是迫於戰敗而暫時屈服。『虎狼之心，終不可養』，請陛下要有所防範。」苻堅說：「朕正要混六合為一家（統一全中國），應該視夷狄為赤子，你不要太過憂慮。」

可是，當苻堅在淝水之戰遭到慘敗之後，率先反叛的就是鮮卑慕容氏和羌族姚氏。

江統的理論是對？還是不對？歷史其實並無定論。

名句可以這樣用

台灣現在有為數眾多、來自東南亞國家的外勞，更有許多外籍新娘。如果存著「非我族類，其心必異」的心態去對待他們，終有一天會發生大問題。

治世以大德，不以小惠

名句的誕生

治世以大德，不以小惠。……先帝亦言：「吾周旋[1]陳元方[2]，鄭康成[2]間，每見啟告[3]治亂之道悉[4]矣，曾不語赦也。若劉景升、季玉[5]父子歲歲赦宥，何益於治！」

～〈魏紀〉

完全讀懂名句

1. 周旋：交往。
2. 陳紀，字元方；鄭玄，字康成。兩人皆東漢末年大學者。
3. 啟告：分析、評論。
4. 悉：完備。
5. 劉表，字景升；劉琮，字季玉。

語譯：治理國家靠的是大恩德，而不是施小惠。先帝（劉備）也說：「我與陳紀、鄭玄等大學問家交往，經常聽他們分析天下治亂的各種道理，從來沒提到過赦免。像劉表、劉琮父子（原荊州軍閥，曹操大軍到來，一死一降）年年都赦免罪犯，對治理荊州又有何助益！」

名句的故事

這是諸葛亮生前談「赦免」的一段話。為什麼在他去世十二年之後，要再提他生前語錄呢？因為當年蜀漢帝國宣布大赦，而大司農孟光在大庭廣眾之下批評主政者費禕「不該在承平之世，以非常恩典，去鼓勵惡人為惡」。

諸葛亮在〈後出師表〉中推薦的三位繼承人：蔣琬、費禕、董允，蔣琬與董允在前一年相繼去世。原本還可以「三個臭皮匠勝過一個諸葛亮」撐持局面，如今只剩下費禕一個「臭皮匠」，蜀漢的局面開始轉壞。

歷久彌新說名句

大赦是毒藥還是救命靈丹？見仁見智。贊成者認為：刑罰的目的是隔離罪犯，但法律不是萬能，監獄裡永遠有被冤枉的人。如果大赦能起「化戾氣致祥和」的作用，就該大赦。但反對者認為：犯罪者不受制裁，被害人及家屬情何以堪？法律威信一旦被破壞，永難彌補。

最好的例子是《左傳．曹劌論戰》中指出的：衣食分人是「小惠未徧（不夠普及）」、祭祀照禮法（不奢侈）是「小信未孚（人民未完全信服）」，只有「司法力求公正」是人民願意為國家一戰的理由。

易言之，大赦不是不可行，而是必須「公道自在人心」——人民相信司法公正不會因為大赦而被破壞。

反過來看，若是因為「監所不足」而實施赦免、減刑、在家戒護、勞役代刑……其結果必致犯罪者受到鼓舞，而監所更加不足！

名句可以這樣用

本句要與「人君不親小事」對照來看。「不親小事」是指抓重點、不要管太多細節；「治世以大德，不以小惠」則是指執政者應以大政成績令人民感懷恩德，而不是以小惠企圖收買人心。

天下乃天下人之天下

名句的誕生

夫皇天無親[1]，惟德是輔[2]。民詠[3]德政，則延期過曆[4]；下有怨歎，則輟錄[5]授能[6]。由此觀之，天下乃天下之天下[7]，非獨陛下之天下也。

～〈魏紀〉

完全讀懂名句

1. 親：親近、偏愛。
2. 輔：助。
3. 詠：歌頌。
4. 曆：曆法。各朝初立則頒布新曆法，以示改朝換代，此處即以此比喻朝代。延期過曆：指國祚得長久延續。
5. 錄：圖錄、世系譜表。輟錄：中斷皇室世襲。
6. 授能：交給有能力的人。
7. 第一、三個「天下」指國家，第二個「天下」指天下人。

語譯：上天不偏愛某一人或一姓，上天只幫助有德者。人民歌頌德政，上天就延長這個政權的壽命；人民有怨言，上天就終止這個政權，另授賢能。由此看來，國家是全體人民的國家，不單單是陛下一個人的國家。

名句的故事

魏明帝曹叡在當太子的時候聰明夙慧，即位之初也頗英明。但是在位愈久卻愈昏庸，那一年（景初元年，西元二三七年）他下令將長安城的一些「大傢伙」包括巨鐘、銅駱駝、銅人、承靈盤等運到洛陽。又下令搜括天下銅器，另鑄兩尊銅人，命名「翁仲」，又鑄黃龍一條高四丈、鳳凰一隻高三丈餘。還命令朝臣去搬運泥土堆假山。

元老大臣高堂隆為此三度上書，一次又一次地陳述興亡之道，其實是提醒「現在所行幾乎都是亡國之道」。其中警句包括「亡國之主自謂不亡，然後至於亡；賢聖之君自謂亡，然後至於不亡」，以及本文的「天下乃天下之天下」。但是曹叡不聽，高堂隆不久後過世。

歷久彌新說名句

由「君權神授」到「萬世一系」，君權與神權之間的鬥爭始終未歇。事實上，改朝換代的動力來自廣大人民的要求，但是在民主思想未能深著人心之前，改朝換代必然都假託天意，這就是「湯武革命，天命之」的由來。

因此，當皇族內部發生宮廷政變時，就不假託天命，而說「天下乃高祖之天下」。這個「高祖」可以是歷朝每一位開國君王——天下既是高祖打下，我也是高祖子孫，誰說不能當皇帝。但是當異姓革命時，就說「天下乃天下人之天下」——皇帝換姓做做看，誰說只有你家可做？

無論如何，民主思想在古時候都只能如本名句一樣，在歷史銀河中一閃即逝。

名句可以這樣用

薩孟武先生對「品質不佳的民主政治」曾作如下的評論：「天下是天下人的天下，反過來說，便是天下不是任何人的天下，種種問題就由這裡發生。人人對於天下之害均不關心，對天下之利均欲爭取。在上同其利者官官相護，在下受其害者敢怒不敢言。」一語道中民主政治最該防範的「罩門」。

雖讎必賞，雖親必罰

名句的誕生

盡忠益時[1]者，雖讎[2]必賞；犯法怠慢[3]者，雖親必罰；服罪輸情[4]者，雖重必釋；游辭巧飾者，雖輕必戮；……終於[5]邦域之內[6]，咸畏而愛之。

～〈魏紀〉

完全讀懂名句

1. 時：時局。益時：對國家有貢獻。
2. 讎：同「仇」。敵人、對頭、所討厭的人皆屬。
3. 怠慢：懈怠輕忽。有礙公務之意。
4. 輸情：坦承供述實情。
5. 端倪：頭緒。
5. 終於：最後的結果。
6. 邦域之內：全國人民。

語譯：凡是忠於國家、有貢獻的人，即使是仇人也一定有賞；違反法令、妨礙公務的人，即使是親人也一定處罰；認罪坦白的人，即使所犯之罪很重也一定減其刑；花言巧語企圖抵賴的人，再輕的罪也會重罰。……其結果是，全國人民都對他既敬畏又愛戴。

名句的故事

這是《三國志》作者陳壽對諸葛亮的評論，司馬光將之納入《資治通鑑》。

陳壽是晉人，晉與蜀漢是敵對國家，陳壽尚且對諸葛亮有如此好評，可見諸葛亮治蜀之成功。再舉一個反例印證此說：陳壽評諸葛亮有一句「將略非其所長」。但是這跟我們所有人的認知都不符合：諸葛亮應該是用兵如神才對，怎麼可能「將略非其所長」？——原來，西晉的始祖司馬懿被諸葛亮「修理」得太慘了，陳壽卻不能不為司馬懿遮遮糗，只好貶抑諸葛亮在軍事方面的才能。但由此更可見本文對諸葛亮治蜀的政績肯定，應無過當誇讚。

歷久彌新說名句

春秋晉悼公時，祁奚擔任中軍尉（三軍之一的總司令），請求退休。悼公問他，「誰可以接替你的職位？」祁奚推薦解狐，而解狐正是祁奚的政敵。

晉悼公發表解狐為中軍尉，還沒上任，解狐卻病死了。悼公再問祁奚「誰可以接替」，這次祁奚推薦自己的兒子祁午。

這是古人所稱讚「內舉不避親，外舉不避讎」的大公無私作風。這是用人作風，而「雖讎必賞，雖親必罰」則是施政作風。唯有大公無私，用人執法都不問親疏，人民才會「咸畏而愛之」。否則的話，刑太嚴就是苛政、暴政，法太寬就是闇弱、姑息，前者人民會反抗，後者人民不受約束，其結果都是「不治」。

名句可以這樣用

與本句同義的四字成語是「信賞必罰」：說了要賞的就一定要兌現，說了要罰的就絕不寬縱。以現代民主政治語言來說就是：競選支票一定要能兌現，權貴犯法也一定要與民同罪。

智者避危於無形

窮達有命，吉凶由人

名句的誕生

是故窮達有命[1]，吉凶由人[2]。嬰母知廢，陵母知興，審[3]此二者[4]，帝王之分[5]決矣。

～〈漢紀〉

完全讀懂名句

1. 命：命中註定。窮達有命：貧富賤貴乃命中註定。
2. 由人：由人自主。
3. 審：審視、明瞭。
4. 二者：「興」與「廢」。
5. 分：音ㄈㄣˋ，天分、天命。

語譯：所以說，一個人的貧富賤貴是命中註定的，但是吉凶禍福卻由人自主。從前陳嬰的母親曉得陳嬰不應該稱王（詳見「暴得大名者不祥」一章），王陵的母親知道劉邦必定會成功。事實上，只要能審度明瞭興與廢之間的道理，帝王該誰做就已經決定了。

名句的故事

隗囂見公孫述與劉秀先後稱帝，自己心中也癢癢的，但卻沒有膽量自立為王。猶豫間，問他的智囊班彪（班超的父親）：「從前周朝亡後，戰國七雄合縱連橫的局面，是不是會在今天重演呢？（心裡想著割據為王）」班彪回答：「人心思漢，和周亡時情況不同。」隗囂再問：「為什麼人心向著姓劉的?當年秦失其鹿，劉邦得天下，當時的人民哪曉得有漢朝？」班彪乃作〈王命論〉以說服隗囂，本文是其中一小段。

隗囂不聽班彪的，班彪乃避居河西，投奔竇融。

歷久彌新說名句

西漢成帝原本寵愛許皇后與班婕妤，後來寵愛趙飛燕、趙合德姊妹。趙飛燕譖害許皇后與班婕妤（參閱「朽木不可以為柱」一章）用巫術詛咒皇帝，成帝相信了，廢黜許皇后、審問班婕妤。班婕妤答辯說：「妾聞『死生有命，富貴在天』。如果鬼神有知，就不會接受邪惡的祈求；如果鬼神無知，祈求祂有啥用？所以我不會去做那種事（巫蠱）。」成帝認為她說得很好，就未加罪。

名句可以這樣用

班婕妤的「死生有命，富貴在天」是一種完全聽天由命的哲學。相對於班彪的「窮達有命，吉凶在人」，後者主張人應該主動積極以趨吉避凶。

但是，問題在於，班彪究竟是什麼立場？什麼原則？有骨氣的話，像馬援一樣，對隗囂說出「劉秀有天子的才能、智慧和氣度」，表明態度主張靠向劉秀。但是班彪不敢，只會寫文章要隗囂認清「帝王之分」，意思是「你沒份啦」！怎麼可能說服隗囂？

倒是班彪自己還滿有果斷趨吉避凶，見隗囂執迷不悟，就「三十六計，走為上策」了。

智者避危於無形

名句的誕生

夫[1]輕萬乘[2]之重不以為安樂，出萬有一危之塗[3]以為娛，臣竊[4]為陛下不取。蓋明者遠見於未萌[5]，而知者[6]避危於無形[7]，禍固多藏於隱微，而發於人之所忽[8]者也。

～〈漢紀〉

完全讀懂名句

1. 夫：句首語助詞，無義。
2. 萬乘：天子萬乘（兵車），諸侯千乘。以萬乘比喻天子，有「尊敬故不直接稱呼」之意味。
3. 塗：同「途」。
4. 竊：私下、暗中、內心暗想。
5. 萌：草木初發，如「萌芽」。
6. 知者：智者。
7. 無形：尚未形成。
8. 忽：疏忽。

語譯：看輕身為皇帝的尊貴地位，認為（當皇帝的生活）無趣味；卻去做那種萬分之一風險的事情，認為這才刺激；我內心不敢苟同陛下這種作風。因為，聰明的人能看到未發的禍苗，有智慧的人能在危機尚未形成之前避開。事實上，禍患多半藏在隱微之處，而在人們疏忽的時候爆發。

名句的故事

漢武帝即位初期，血氣方剛，喜歡親自搏擊熊、野豬。司馬相如上疏勸諫：「即使勇力如古時候的勇士烏獲、孟賁、夏育，也難保事起突然的變化。陛下出獵雖有萬全保護，但是天子身繫國家重任，根本就不應該做這種事。」

歷久彌新說名句

皇帝集天下大權於一身，對臣民生殺予奪，很過癮嗎？事實上，對一位負責任、有使命感的皇帝而言，皇帝這個位子還「真不是人幹的」——因為每天事情那麼多（日理萬機），多到沒有時間享受。稍微放縱一下身心，馬上就有「直諫之臣」板起臉孔、搬出古聖先賢的教誨。此所以佞臣之所以得寵，而骨鯁之臣多無好下場！

司馬相如的文筆太好了，他用「明者、智者」來抬舉漢武帝，漢武帝總不能說「不必，我既不明、也不智」吧？於是接受他的勸諫。

另一種方法就是諷諫：

唐太宗李世民也喜歡出外打獵。虞世南等儒家學者經常進諫，但效果不大。有一次，諫議大夫谷那律跟隨太宗出獵，路上遇到下雨。

太宗問：「油布雨衣要怎樣才能不漏？」

谷那律回答：「若能用瓦來做，就不會漏雨了。」

谷那律的意思是：皇帝不該經常出獵，留在宮中，自有屋瓦遮蔽風雨（安全無虞）。

唐太宗賞賜谷那律帛五十匹，金腰帶一條。此後更減少了出獵的次數。

名句可以這樣用

司馬相如另一句名言「家累千金，坐不垂堂」，意思是：肩負大家豪族重任的人，不坐在屋簷正下方——以免萬一有瓦片落下危險。也是同樣的用意。

君子見幾而作，不俟終日

名句的誕生

穆生曰：「易[1]稱：『知幾[2]其神乎！幾者動之微，古凶之先見者也。君子見幾而作[3]，不俟終日[4]。』先王之禮吾三人者，為道存也；今[5]而忽[6]之，是忘道也。忘道之人，胡[7]可與久處？豈為區區之禮哉！」

～〈漢紀〉

完全讀懂名句

1. 易：《易經》。
2. 幾：同「機」，契機、微小的徵兆。知幾：由微小的徵兆察覺大趨勢。
3. 作：行動。
4. 終日：一日的結束。不俟終日：不等到天黑。
5. 今：今上，當今國王。
6. 忽：輕忽。
7. 胡：豈、怎麼。

語譯：穆先生說：「《易經》上說：『能夠見微知著的人簡直是神仙啊！事情的微小徵兆是行動前的預告，也是預卜吉凶的根據。君子預見徵兆就應該即刻行動反應，不等到天黑。』先王禮遇我們三人，是基於道義；今上輕忽禮數，意味著道義已盡。一個忘了道義的人，怎麼能夠跟他長久相處？我哪裡是為了區區的禮數呢！」

名句的故事

漢高祖廢了韓信的楚王之後，封異母弟劉交

為楚元王。劉交與魯國的申先生、穆先生、白先生一同在浮丘伯門下學習《詩經》。劉交當上楚王之後，任命三人擔任大夫。三人當中，穆先生酒量不好，所以楚元王每次設宴，都為穆先生準備甜酒釀（醴）。後來繼位的兒子楚夷王也很禮遇三人，但到了劉交的孫子劉戊時，漸漸輕忽，於是穆先生稱言身體不好，辭職回家。申先生與白先生勸他：「小事一樁嘛！難道你不念先王的恩德？」

穆先生的回答就是前述那番大道理，堅持求去。後來楚王劉戊和吳王串連造反（七國之亂），申先生與白先生進諫，卻被罰當街做苦役。

歷久彌新說名句

中國近代考古學的一個重要地點「徐州獅子山楚王墓」，墓中有金鏤玉衣，意味著具有國王身分，但是陪葬的人俑卻有很多「未完成」作品，墓室中也有凹凸不平的情形。經考證，那就是劉戊的陵墓——因造反不成自殺，趕緊入葬否則恐無葬身之地。

名句可以這樣用

「知幾而作，不俟終日」有趨吉避凶、不能猶豫的含意；和「見機而作」強調把握機會，兩者文字相近，但用法上宜有所區隔。

和「知幾」比較接近的成語是「見微知著」、「一葉知秋」。但這兩個成語都只是狀態描述，沒有「君子知幾而作，不俟終日」那種立即行動的積極意味。

以三寸舌爲帝者師

名句的誕生

（張良）曰：「……今以三寸舌為帝者師，封萬戶侯，此布衣[1]之極[2]，於良足矣。願棄人間事[3]，欲從赤松子[4]游耳。」

～〈漢紀〉

完全讀懂名句

1. 布衣：平民。
2. 極：極致、頂點。
3. 人間事：凡人俗事。
4. 赤松子：古老傳說中的仙人。神農時代擔任雨師，能「入火自燒」（不怕火）。炎帝（神農氏）的小女兒追隨他，因而得道成仙，與赤松子一同升天。張良的意思就是想學神仙之道。

語譯：張良追隨劉邦入國之後，就修道不食人間煙火，謝絕客人上門，自己也不出門。說：「我憑著三寸之舌擔任皇帝的老師，並且受封為萬戶侯，這是一個平民老百姓可以達到的極致，對我而言足夠了。我現在想要拋開凡間俗事，追隨赤松子，尋求神仙之道。」

名句的故事

劉邦得天下，仰仗最力的三位功臣：蕭何、韓信、張良。蕭何為劉邦鎮守關中，供應前線軍糧不斷，但仍受劉邦猜忌，一度被捕下獄；韓信立下汗馬功勞，卻功高震主，最後被削爵、處斬。只有張良看清楚劉邦是一個「可共患難，不可共安樂」的主子，所以早早就明白表示「對功名利祿沒有野心」。這是一位智慧達人的明哲保身之道。

他人說「以三寸舌為帝者師」是一種自矜之辭，在張良則是表明「我不像韓信握有重兵，也不像蕭何握有政府大權」，讓劉邦、呂后對他的戒心降到最低。

歷久彌新說名句

戰國時，秦軍包圍趙國都城邯鄲，趙國宰相平原君率團往楚國求援。在跟楚王的交涉過程中，門下食客毛遂表現傑出，於是楚王派春申君黃歇帶兵前往邯鄲援救趙國。

平原君在任務完成之後，稱讚毛遂：「由於毛先生的表現，使趙國的國威重於九鼎。這正是『以三寸之舌，強於百萬之師』啊！」

平原君的時代早於張良，「三寸之舌強於百萬之師」的說法，在戰國時代應該已經頗為普遍，且有《戰國策》書中那麼多的故事可為印證。以此觀之，張良說自己「三寸之舌」，也多少有一些自負（強於百萬之師）的成分在內吧！

名句可以這樣用

關於舌頭的成語還有一句「鼓如簧之舌」。若以視覺型思考，就多少有不夠莊重的感覺了。至於常見的「三寸不爛之舌」，更顯輕佻。

並非「如簧之舌」與「三寸不爛之舌」不可用，而是提醒讀者注意「三寸之舌強於百萬之師」的氣魄，和「以三寸舌為帝者師」的雍容，在使用時若能稍作講求，你的文章透露出來的意境是不一樣的。

暴得大名者不祥

名句的誕生

嬰母謂嬰曰：「自我為汝家婦[1]，未聞汝先世之有貴者。今暴[2]得大名[3]，不詳[4]；不如有所屬[5]。事成，猶得封侯；事敗，易以亡[6]，非世所指名[7]也。」

～〈秦紀〉

完全讀懂名句

1. 為汝家婦：嫁到你們家。
2. 暴：突然。
3. 得大名：大名加身。
4. 詳：同「祥」。
5. 屬：隸屬。有所屬：歸屬他人麾下。
6. 亡：此處指「逃亡」。
7. 指名：指名通緝。

語譯：陳嬰的母親對陳嬰說：「打從我嫁到你們陳家以來，從來沒聽說你的祖先當中有出過什麼貴人。（既然是平凡之家）如今突然大名加身（稱王），不是一樁好事情；倒不如歸屬其他人。如果大事能成，可以封侯；大事不成，也容易脫逃，不會被全天下指名通緝。」

名句的故事

秦末，陳勝揭竿起義，率先抗秦，自稱張楚王。但是才一年多就被秦將章邯擊敗，陳勝的駕馭莊賈殺了陳勝，向章邯投降。

陳勝雖敗亡，天下卻已洶洶，各地都有起義軍稱王。東陽郡的年輕人殺了郡長，糾眾兩萬人要擁護陳嬰為王。陳嬰是東陽的令史，素得人望，但是他的母親認為稱王風險太大，所以用「暴得大名者不祥」來勸他。於是陳嬰率眾投奔項梁，後來改隸屬劉邦。最後劉邦得了天下，陳嬰被封為堂邑侯。

歷久彌新說名句

陳嬰的母親給兒子的建議，是選擇一條風險較小的路，或許不會贏得皇位，但也不會輸掉腦袋。

在那個年代，敢拚命的英雄豪傑只要聚集數千或上萬人，哪個不稱王？但是最終只有劉邦一個人當了皇帝。

項羽和劉邦是當時最傑出的英雄人物，他倆見到秦始皇出巡的儀仗時，一個說「彼可取而代之也」，一個說「大丈夫當如是也」。以此可見項羽、劉邦和陳嬰是截然不同的兩種人：

項羽世代為將，屬於豪族；劉邦不務正業，屬於流氓。薩孟武教授說：「中國歷史上只有兩種人可以當皇帝：豪族與流氓。至於知識分子呢？秀才造反，三年不成。」

看看楚漢英雄的最終結局如何？曾經稱王的項羽、彭越、韓信、英布……都死了，反倒是蕭何、陳平、陳嬰這些小吏都因為跟對了老闆而封侯拜相。證明了陳嬰的母親給兒子的建議，雖不能助他爭天下，卻是很有智慧的。

名句可以這樣用

《老子》有一句：「其進銳者其退速。」可以做為本句的補註。暴得大名、暴得大利者都常見其快速衰退，但是由於嚐過了大名大利的滋味，往往不甘於「絢爛歸於平淡」，乃導致不祥的結果。

本句在《史記》用的是「不祥」，為何《通鑑》用「不詳」，原因不明，研判是為了避某人的諱。

抱薪救火，薪不盡，火不滅

名句的誕生

蘇代謂魏王曰：「欲璽[1]者，段干子也；欲地者，秦也。今王使[2]欲地者制[3]璽，欲璽者制地，魏地盡[4]矣！夫以地事[5]秦，猶抱薪救火，薪不盡，火不滅。」

～〈周紀〉

完全讀懂名句

1. 璽：官印，意指官位。
2. 使：令、讓、聽任。
3. 制：掌控。
4. 盡：淨光。
5. 事：巴結、討好、服侍。

語譯：蘇代對魏安釐王說：「想要得到官位的是段干子，想要得到土地的是秦國。如今大王如果讓想要土地的人操控想要官位的人，又讓想要官位的人來參與割地決策，魏國的土地就會被割讓淨光。用土地去巴結秦國，就好比抱著薪材去救火，薪材不燒完，火是不會熄滅的。」

名句的故事

趙、魏聯軍攻打韓，韓向秦求救。秦王派大將白起率大軍前往，在華陽大敗魏軍，斬殺十三萬人。

魏國大夫段干子建議割讓南陽給秦國以求和。蘇代反對割地求和，提出前述說法，但是魏王並未接受，仍然割地求和。

歷久彌新說名句

蘇代的說法確實是真知灼見：當國家打敗仗時，若由「割地派」或「賠款派」主導朝政，由於他們一心只想著自己的官祿，其結果一定是土地割光、國庫賠光。理由很簡單，只要割地賠款還能苟延殘喘，他們的官祿就可以繼續維持。但是戰敗求和，主動權卻操在戰勝國手中。這就是蘇代所說的「欲地者制璽」，亦即秦國可以答應條件或不答應條件，於是秦國就掌控了段干子的官位，魏國自此以後就被秦國予取予求，卒至滅亡。

我們更熟悉的歷史前鑑是宋朝對遼、金的政策。從澶淵之盟「打勝仗卻賠款」以後，宋朝就江河日下。一直到南宋，岳飛北伐軍事勝利，但是朝中秦檜當權，秦檜是主和派，不和談就沒有他的角色。於是「欲璽者制地」情況重演，宋高宗聽信秦檜，冤殺岳飛。

然而，並非主戰就是忠臣、主和就是奸臣。當形勢比人強時，一味主戰者就是暴虎馮河，甚至如義和團者流，其作為誠可謂禍國殃民。

重點一是審時度勢，能戰則戰，不能戰則請和；重點二是分辨提出主張者的動機，他是為國，還是為「璽」？重點三則是「如何才能贏回來」？割地賠款是權宜之計則可，若無雪恥計畫，只求苟延時日，那就是「抱薪救火」。

名句可以這樣用

以「薪、火」為喻的成語還包括：薪盡火傳、薪火相傳等。但是用法與寓意卻截然相反：「薪不盡，火不滅」是希望火滅的；「薪火相傳」是希望火永遠不滅的。

白龍魚服，白蛇自放

名句的誕生

策[1]好游獵，翻[1]諫曰：「夫君人者不重則不威。故白龍魚服[2]，困於豫且；白蛇自放，劉季害之。願少[2]留意！」

～〈漢紀〉

完全讀懂名句

1. 策：孫策。翻：虞翻。孫策平定江東，自封為會稽太守，任命虞翻為功曹。
2. 白龍魚服：白龍穿著魚的衣服（變形為魚）。四句故事見下文。
3. 少：稍微、稍加。

語譯：孫策喜歡出遊打獵，虞翻勸諫：「擔任人民的領袖，若舉止不莊重就難以建立威望。此所以白龍變化為魚的形狀，就被豫且射傷；白蛇自己漫遊，就被劉邦殺死。希望主公稍稍留意。」

名句的故事

「白龍魚服，困於豫且」的故事：吳王想要到老百姓家裡飲酒，伍子胥勸諫說：「不好吧！從前白龍進入深淵，化為魚，被宋國小臣豫且射中眼睛。白龍向天帝控訴，天帝裁判『你自己化為魚形，魚本來就是人類獵捕的對象』。白龍是天神，豫且是凡人，若非化為魚，凡人不會射神龍。如今國君放下萬乘之尊的地位與布衣之士飲酒，我只怕會發生像豫且那樣的事情啊！」

「白蛇自放，劉季害之」的故事：劉季就是

劉邦未發跡時的名字。有一天，劉邦在草澤中見一條大蛇，拔劍斬之。回家路上遇到一位老嫗在哭泣，問她哭什麼，老嫗說：「我的兒子是白帝之子，被赤帝之子所殺。」由於這個典故，乃有漢高祖「斬蛇起義」的說法。而虞翻的意思同樣是：白帝之子自己跑到草澤裡去遊玩，才會碰到劉邦。只要不輕易離開白帝洞府，就不會發生意外。

歷久彌新說名句

漢文帝出巡霸陵，想要馳車衝下一段陡坡。袁盎隨行，騎在馬上、緊握轡頭。漢文帝問他：「將軍怕了嗎？」袁盎說：「我聽人說過『千金之家的孩子不坐在屋簷正下方（小心墮瓦），百金之家的孩子不騎在欄杆上（避免翻跌），聖明的君主不做危險的動作』。陛下想要過一下飆車的癮，萬一有任何一匹馬驚慌失足，馬車發生任何意外，儘管陛下說沒關係，卻怎麼向太后交代？」

名句可以這樣用

「不重則不威」語出《論語》：「君子不重則不威，學則不固。」虞翻借用為「君人者」，嚴格來說有一點引喻失意，但卻有增加說服力的效果。也就是引用名句可以增強文章或語言的力量。

民主時代的國家領袖不能再深居大內、製造神祕，必須親近民眾以爭取選票，於是苦了安全人員。所以，國家領導人親近民眾可以，還是盡量以官式身分、公開場合為宜。若是輕車簡從出遊，那就得注意「白龍魚服」的借鑑了。

百戰百勝不如不戰而屈人之兵

名句的誕生

董卓[1]謂皇甫嵩[1]曰：「陳倉[2]危急，請速救之。」嵩曰：「不然，百戰百勝，不如不戰而屈人之兵。陳倉雖小，城守固備，未易可拔[3]。王國[1]雖強，攻陳倉不下，其眾必疲，疲而擊之，全勝之道也，將何救焉！」

～〈漢紀〉

完全讀懂名句

1. 涼州軍閥「王國」（人名）圍攻陳倉，東漢朝廷派皇甫嵩為左將軍，率領前將軍董卓，總兵力四萬前往抵擋。
2. 陳倉：地名。就是漢高祖劉邦「明修棧道，暗渡陳倉」的陳倉。戰略位置重要，且為糧倉所在，兵家必爭之地。
3. 拔：攻陷城池。

語譯：董卓對皇甫嵩說：「陳倉很危急了，應該趕快去救。」皇甫嵩說：「不見得。帶兵打仗百戰百勝，不如不開戰就讓敵人屈服。陳倉雖然城小，可是城池堅固、防守裝備齊全，不容易被攻陷。王國兵力雖強，日久攻不下陳倉，人馬一定疲憊。趁他疲憊時攻擊，才是全勝的戰術。為什麼要趕著去救（對抗氣力充沛的敵軍）呢？」

名句的故事

王國攻打陳倉八十多天，攻不下來，軍隊疲憊，解除包圍圈退去。皇甫嵩依計畫進兵攻擊，董卓說：「不可！《兵法》說：窮寇勿追。」皇甫嵩說：「你說的不對。之前我不進兵，是避其鋒銳，如今進兵是等到他氣勢衰退。如今攻擊的是疲憊之師，是已經喪失鬥志的散亂之師，不是兵法上說的窮寇。」兩人意見不合，皇甫嵩於是獨自追擊，連續大敗王國部隊，斬首一萬多（漢制以斬首數論封賞）。董卓大為慚愧，並因此痛恨皇甫嵩。

歷久彌新說名句

每一位帶兵將領都讀《兵法》，可是《兵法》是原則性的，臨敵對陣仍得視實際情況來應用。

歷史上「不戰而勝」最有名的名將，當屬春秋齊國大將田穰苴。

他奉命率軍抵抗入侵的晉、燕聯軍。首先斬了齊景公寵臣莊賈（「將在軍，君命有所不受」之典故），以整肅軍紀；之後在行軍途中，照顧兵士無微不至，與士卒共飲食。到了前線，檢閱三軍，軍隊士氣高昂直沖雲霄，連生病的病號也「爭奮出為之赴戰」。

晉軍大將得報，匆匆撤出齊國邊境；燕軍也連忙渡過黃河，班師回國。田穰苴不費一兵一卒，收復失土。

名句可以這樣用

皇甫嵩和董卓的對話，其實就是一場兵法辯論，所用之語都是《兵法》中現成的原則。顯然皇甫嵩高過董卓不止一等。只不過，皇甫嵩的戰術並不是田穰苴那種「不戰而屈人之兵」，實際上是《孫子兵法》中另一句「避其鋒銳，擊其惰歸」，而董卓對「窮寇勿追」的體會，恐怕有問題。

冰炭不可同器

名句的誕生

夫邪正之人不宜共國[1]，亦猶冰炭不可同器[2]。彼知正人之功顯而危亡之兆見，皆將巧辭飾說，共長虛偽[3]。

～〈漢紀〉

完全讀懂名句

1. 共國：共同在朝廷為官。
2. 器：盛裝之器皿。
3. 虛偽：假話、謊話。

語譯：邪惡的人和正直的人不適合一同在朝廷為官，道理就如同冰塊與熾炭不能擺在同一個容器裡頭。他們（指邪惡一方）知道，當正直之士建立了功勞，他們的危亡兆頭就出現了，必定會花言巧語說出一套歪理，讓謊言滋長（以謊言陷害忠良）。

名句的故事

漢靈帝時，黃巾造反。朝廷派皇甫嵩、朱儁率兵討賊，軍事進展順利。朱儁麾下護軍司馬傅燮上疏指出：「討賊軍事順利，但隨著捷報頻傳，我的憂心才要開始。即使張角（黃巾領袖）誅戮，賊眾取下黃巾，朝廷內的諂佞宦官若不除去，正人君子將大禍臨頭。」

傅燮這一篇奏疏，只保住了自己的性命（但有功未封）。其他討黃巾將領如盧植，因不肯賄賂前來「勞軍」的宦官，被讒言陷害，落了個「檻車徵還」（用囚車押回京師）的下場。

歷久彌新說名句

傅燮是有先見之明嗎？是。但這封奏疏，尤其是「冰炭不可同器」這一句話，其實顯現了當時儒家知識分子與宦官集團之間勢不兩立之心態——領兵平亂的朝臣心知「打了勝仗反而會引起宦官的危機感」，但是宦官不該有危機感嗎？傅燮上奏疏的心態難道不是挾戰功以要脅皇帝誅宦官嗎？

史書上總是將宦官形容為「壞人」，但史書都是儒家知識分子寫的。事實上，宦官是一群有生理缺陷加上心理創傷的人，又有哪一個學者、大臣體諒過他們？還不是都以歧視的眼光看他們？

宦官也許作惡多端，但他們也都是制度下的產物。壞就壞在君主專制、萬世一系，所以只准閹人在宮中服侍，當然就難免有糊塗皇帝信任宦官——不能全怪宦官陷害忠良，「忠良們」也不該打從一開始就歧視宦官。

當雙方「天生」就勢不兩立之時，關係自然就是冰與炭了。然而，手法高明的政治家如明朝的張居正，就有辦法搞好他與大太監馮保之間的關係，從而推動改革，富國強兵。

名句可以這樣用

更常見的用法是「冰炭不相容」或「冰炭不容」。比較溫和含蓄的說法，則是顏回對孔子說的「薰蕕不同器，堯桀不共國」，香花與發出臭味的花不放在一起，仍然是勢不兩立的歧視心態。

其愚不可及

名句的誕生

郭泰[1]曰：「不然[2]。孺子[3]之為人，清潔高廉[4]，飢不可得食[5]，寒不可得衣[5]，而為季偉[6]飲酒食肉，此為已知季偉之賢故也。所以不答國事者，是其智可及，其愚不可及也！」

～〈漢紀〉

完全讀懂名句

1. 郭泰：東漢末年清流領袖之一。
2. 不然：不見得。比較緩和的否定語。
3. 孺子：徐穉，字孺子，東漢末年名士。
4. 清潔高廉：形容一個人清高自愛，有不同流俗之意味。
5. 食：音ㄙˋ，動詞。得食：請他吃飯。衣：也是動詞。
6. 季偉：茅容，字季偉，也是當時名士。

語譯：郭泰說：「不見得。徐穉為人清高廉潔、不同流俗。即使肚子餓了也未必讓人請吃飯，即使寒冷也未必接受人家贈衣。但是他接受了茅容請他吃飯，表示他已經肯定茅容是位賢者。至於他之所以不談國家大事，那是他聰明處可以及得，愚笨處反而不是我們及得上的啊！」

名句的故事

東漢中葉以後，外戚宦官互鬥且輪流柄政。知識分子批評時政，甚至不怕死地彈劾當道，形成一股清流（有別於那些阿附當權派的「濁流」）。當時清流的領袖包括李膺、郭泰等人，尤其郭泰以明於識人著稱。士人得李、郭一語讚美，立即身價高漲。

徐穉原本受教於黃瓊，後來黃瓊官愈做愈大，徐穉就不再出入黃老師家中（此之謂「清潔高廉」）。黃瓊過世，徐穉前往弔祭，酹酒（以酒灑地）後慟哭而去。在場很多人不認識他（因為徐穉不奔走黃瓊官邸），問到識人比較廣的，說：「那一定是徐穉。」於是推派茅容去追他，追上了，茅容沽了酒、買了肉，徐穉留步與茅容共餐。

茅容問徐穉國家大事，徐穉不回答；再問他稼穡（農耕）之事，徐穉乃回答。

茅容回來，將過程告訴眾人。有人認為徐穉實在太「ㄍㄥ」了，郭泰告訴眾人：「徐穉不是普通人，你們及不上他。」

歷久彌新說名句

東漢的清流以敢於對當權者提出正言為傲，以不阿附當道為清，以不隨波逐流為高。於是逐漸形成一種「品評人物等級」的風氣，這股風氣甚至影響到後來的門第政治。

徐穉不談政治，只談經濟（農事），其實是處亂世的一種明哲保身方法。所以郭泰說「其愚不可及」——你們以為他不談政治是愚笨，其實那才是你們及不上他的地方。

名句可以這樣用

我們現在常用「這個人真是愚不可及」，意指那個人真的做了蠢事。與原典故的意思雖然不一樣了，但約定俗成不能算錯。只不過要明白徐穉絕非「愚不可及」的蠢人。

神龍失勢，與蚯蚓同

名句的誕生

（王元[1]遊說隗囂）且[2]畜[3]養士馬，據隘自守，曠日持久，以待四方[4]之變；圖王[5]不成，其敝[6]猶足以霸[7]。要之[8]，魚不可脫於淵，神龍失勢[9]，與蚯蚓同！

～〈漢紀〉

完全讀懂名句

1. 王元：隗囂手下將軍。
2. 且：同「暫且、權且」之「且」。
3. 畜：音ㄒㄩˋ，放牧。
4. 四方：東南西北為四方，指喻「天下」。
5. 王：帝王、天下之王。
6. 敝：失敗。
7. 霸：稱霸一方。
8. 要：重點。要之：重點在於。
9. 勢：所憑藉之物。龍乘雲而騰飛，此處指雲。

語譯：（王元遊說隗囂割據隴右自雄）權且秣馬厲兵，據守險要不出擊，盡量支持得久，等待天下大勢發生變化。這樣做，即使不能成就帝王之業，至少也可以為一方之霸。重點在於，魚不能離開水，即使是神龍，若沒有了憑藉的雲，就飛不起來，跟蚯蚓沒有什麼兩樣！

名句的故事

劉秀漸漸得到天下歸心，但是隗囂還在做他的皇帝夢。隗囂的手下賢能之士都心向劉秀：馬援正式投靠劉秀；班彪跳槽到竇融陣營，大力勸說竇融向劉秀輸誠；中屠剛苦諫不聽；許多看清大勢的賓客都離隗囂而去。

隗囂的大將王元和這些「無骨文人」看法不同，他認為「天下成敗未可知」，建議隗囂不要向劉秀臣服。據險以守若能守得最久，說不定可以守到天下局勢再發生大變化。

歷久彌新說名句

戰國時，靖郭君（孟嘗君的父親）擔任齊國宰相，齊威王將薛地封給他當食邑。靖郭君想要在薛地築城，有一位賓客就對他說：

「閣下沒聽過海中的大魚嗎？當牠在水裡時，魚網抓牠不住、魚鉤釣牠不起。可是一旦離水，擱淺在岸灘，螻蛄和螞蟻都可以欺負牠。如今的齊國就好比閣下的水，只要閣下能長久維持齊王的信任，又何必需要薛城？反之，萬一失去齊王的信任，你即使把薛的城牆築得跟天一樣高，也保護不了你呀！」

同樣以動物為比喻，魚也好、龍也好，一旦失去憑藉，就完蛋了。但是，恰恰相反的，靖郭君的賓客勸他「專心搞好齊國內政」，王元則勸隗囂「守住自己的根據地」。哪一個對？哪一個錯？

其實，沒有絕對的「對或錯」。道理是一樣的，可是客觀形勢不一樣。劉秀氣候已成，而隗囂不是逐鹿天下的料，就沒有據地稱雄的條件。反之，若劉秀是個昏庸或殘暴之主，只是靠著運氣一時得勢，那就該「據險自守，以待四方之變」。

名句可以這樣用

相似用法的名句如「虎落平陽被犬欺」、「龍困淺灘遭蝦戲」都很傳神。然而由於王元勸諫的主題是逐鹿天下，故以「神龍」為喻，足見氣勢。

卿本佳人，奈何從賊

名句的誕生

陶侃與杜弢相攻，弢使王貢出挑戰，侃遙謂之曰：「杜弢為益州小吏，盜用庫錢，父死不奔喪。卿本佳人[1]，何為隨之！天下寧有白頭賊[2]邪？」……弢眾潰，遁走，道死。

～〈晉紀〉

完全讀懂名句

1. 佳人：正人君子。
2. 白頭賊：意謂「當盜賊活不到白頭」。

語譯：東晉荊州刺史陶侃與變民首領杜弢交戰，杜弢派王貢出軍挑戰，陶侃隔著遠處對王貢喊話：「杜弢本是益州的一個小吏，盜用公款，父親死了不回去奔喪。你本是正人君子，為什麼追隨這種人！天底下哪有活到頭髮都白了的強盜？」……（王貢向陶侃投誠）杜弢部眾潰散，杜弢逃走，死在路上。

名句的故事

杜弢（音ㄊㄠ）是史書中一個小角色，卻是深受儒家「正人君子」冤枉的一個角色。他只是在亂世當中，將飢餓的難民組織起來自謀生路而已，甚至算不得「逼上梁山」——之前，杜弢透過南平太守向東晉政府投誠，後來即帝位的琅琊王司馬睿派南海太守王運前往接受投降，赦免杜弢「罪行」，任命他為巴東監軍。杜弢接受詔令，將部眾改編為政府軍。

但是，其他政府軍將領仍不斷對杜弢進行攻擊，杜弢忍無可忍，遂斬王運，再度叛變。

陶侃的歷史形象是位正人君子，但就是這一類正人君子容不下杜弢，將投降的難民軍逼反，自己還以正人君子自居。而寫史的正人君子還幫忙抹黑杜弢為「賊」。

歷久彌新說名句

由於「佳人」後來成為形容美女的用語，因此「卿本佳人，奈何從賊」變成質問女性為何附從盜匪的用語。

講一個「佳人從賊」的故事：

清朝捻匪頭目張總愚在山東登州擄得一美女，只說姓李，其祖父當過知府，卻始終自諱其名。張總愚發現李女通翰墨，用她掌文書，捻軍稱她為李姑。

有一次，捻軍進駐安徽某城，張總愚將總部設在一個官宦之宅，宅中亭臺樓榭令李姑觸景生情，不覺淚下。這時，有軍士送進軍函，說是魯王任柱（捻軍另一路首領）來的專函，必須立候回示。李姑正心情不好，粗聲回了一句：「何王之有，皆賊也。」這句話剛巧被張總愚聽到，大怒，令她自縊。李姑對張總愚說了一番「成王敗寇」的道理，意思是「繼續流竄、害民，什麼王都是賊」。說完就要上吊，但張總愚聞言動容，赦其一死。

不久後，張總愚敗於河南，李姑墜馬，被清軍俘獲。上書清軍將領僧格林沁，歷述家世，乃得送回故鄉。前後計「從賊」三年。

名句可以這樣用

曾有報紙標題「卿本佳人，奈何做賊」，新聞內容是一位女性竊賊的報導，那又是另一種意思了。

司馬昭之心，路人皆知

名句的誕生

帝[1]見威權日去[2]，不勝其忿。召侍中王沈、尚書王經、散騎常侍王業，謂曰：「司馬昭之心，路人所知也。吾不能坐受廢辱[3]，今日當與卿自出討之。」

～〈魏紀〉

完全讀懂名句

1. 帝：曹魏皇帝曹髦，因政變死，無諡號。
2. 去：消。
3. 廢辱：被廢之辱。

語譯：魏帝曹髦眼看大權一天一天地消失，難抑心中忿恨。召來他的三位近臣侍中王沈、尚書王經、散騎常侍王業，對他們說：「司馬昭想要篡奪王位的心，連路人都知道了。我不能坐著等待這必然來到的羞辱，今天就要與你們一同討伐司馬昭。」

名句的故事

魏明帝死後，司馬懿之子司馬師獨攬大權，先廢了明帝養子曹芳，改立曹髦。可是司馬師沒來得及篡位就死了，由弟弟司馬昭主政。由於之前已廢一帝，曹髦又是皇室旁支，傀儡皇帝的地位至為明顯。

可是，曹髦卻不甘於做一個傀儡，還作了一首〈潛龍詩〉，以示自己這條龍「上不在天，下不在田，而屈於井」，引得司馬昭對他大為感冒。

終於，傀儡皇帝決心反抗，對身邊近臣「三王」說了本文話語，嚇得三王中的二王急忙奔走向司馬昭報告。曹髦自己拔劍登車，帶領宮中衛士、奴僕、侍童鼓譟殺出……就在大街上被殺死。

司馬昭聞訊「大驚」，跌在地上。但是「假仙」到此為止，那沒來報告的王經被廷尉收押、斬首，報訊有功的王沈則封侯。

司馬昭另立曹璜為帝，是為魏元帝。等到司馬昭死後，子司馬炎篡魏，建立晉朝。

歷久彌新說名句

曹髦是不自量力沒錯，甚至他這個皇帝位子都是司馬昭賞給他的禮物，他理當知足才對。問題在於，敵對的吳國在前一年曾上演了一齣「誅權臣」的戲碼，給了曹髦「不當」的啟示。

吳國當時發生政變，掌權的大將軍孫琳廢孫亮、改立孫休，自以為功勞最大，經常口出不遜。於是孫休發動又一次政變，在一個隆冬之夜，召孫琳入宮，就在席間令武士拿下，斬首。

曹髦想要效法孫休，至少也要學得孫休的手段——藉宮中宴飲場合行事，肯定比帶領烏合之眾，殺上大街，機會總好些吧！

名句可以這樣用

「司馬昭之心，路人皆知」用以形容某人的野心或陰謀（通常為負面意思）已經昭然若揭。但是對司馬昭本人倒是有些冤枉，因為終其一生，他都沒有篡位。

百足之蟲，至死不僵

名句的誕生

今之用賢，或超[1]為名都之主[2]，或為偏師之帥；而宗室有文者必限小縣之宰，有武者必置百人之上。非所以勸進賢能、褒異[3]宗室之禮也。語云：「百足之蟲，至死不僵。」以其扶之者眾也。此言雖小，可以譬大。是以聖王安不忘危，存不忘亡，故天下有變而無傾危之患矣。

～〈魏紀〉

完全讀懂名句

1. 超：越次拔擢。
2. 名都之主：大城如長安、許昌之首長。
3. 異：同「翼」，扶植、培養。

語譯：現在任用（異姓）賢才，有的越級擢升為大城首長，有的任命為軍團司令；可是皇室族人有文才者卻限制只能擔任小縣縣令，有軍事才能者只能指揮一百人。這不是獎掖人才、培植宗室的正常制度。俗話說：「一隻有百足的蟲，身體到死都不僵硬。」就是因為扶持身體的腳很多啊！這句話雖然講的是小東西，但是可以比喻到國家大事上面。所以說，聖明的君主在安定時不忘記提防危機，安全時不忘記亡國危機，這樣做，天下大勢即使發生巨大變化，也不會有傾覆的危險了。

名句的故事

魏明帝去世，養子曹芳繼位為帝（後來被廢，無謚號），年僅八歲。由上軍大將軍曹爽

（皇家宗室）與太傅司馬懿共同輔政。

曹爽的才能與性格都不是司馬懿的對手，曹氏宗室族人曹冏乃上書曹爽，建議提拔宗室族人擔任大城首長與首都禁軍將領。本文即出自曹冏之上書。

可是，曹魏帝國自曹丕以來，始終奉行「強幹弱枝」的政策，防備自己的兄弟甚至於防備異姓（參閱「羊質虎皮，見草而悅，見豺則戰」一章），所以，曹爽未採納曹冏的建議。

歷久彌新說名句

自周朝建立封建制度以來，歷朝都有同樣的問題：自家兄弟比較可以信任，還是自家兄弟比較可能奪位？

西漢劉邦規定「非劉姓不封王」，可是「七國之亂」就是劉姓諸王聯合造反；曹魏提防宗室，卒為司法炎所篡，因而西晉大封宗室而提防異姓，結果「八王之亂」搞垮了西晉。

之後的歷史：隋文帝楊堅奪外甥之位、唐高祖李淵奪外孫之位、明成祖朱棣奪侄兒之位。

可是，宋朝的「強幹弱枝」政策最徹底，不但提防將領，也提防宗室，行政體系更是「強中央輕地方」，結果呢？遼、夏、金、元外患頻至，卒至亡國。孰對孰錯？沒有定論。

名句可以這樣用

「百足之蟲，死而不僵」今日的用法偏向於形容「一個很大或很強」的團體或個人，雖然經過重大挫折，仍然保持一定影響力。用法類似「虎死餘威猶在」。

豺狼當路，安問狐狸

名句的誕生

喬[1]等受命之部[2]，張綱[1]獨埋其車輪於洛陽都亭[3]，曰：「豺狼當路[4]，安問[5]狐狸！」遂劾奏：「大將軍冀[6]、河南尹不疑[6]以外戚蒙恩，居阿衡[7]之任，而專肆貪叨，縱恣無極[8]，謹條其無君之心[9]十五事，斯皆臣子所切齒也。」書御[10]，京師震竦。

～〈漢紀〉

完全讀懂名句

1. 杜喬、張綱等八位中央官員分派視察各州部，授予薦舉賢良、彈劾貪汙之權。
2. 之：前往。之部：前往責任州郡。
3. 都亭：驛站稱「亭」，京城範圍內的驛站稱「都亭」。
4. 當路：橫行於路中。豺狼當路：奸臣當道。
5. 安：何必。安問：何必追究。
6. 梁冀、梁不疑為梁太后兄弟。
7. 阿衡：一人之下的地位，宰輔之別稱。
8. 無極：毫無節制。
9. 無君之心：行為足以顯示目無君主之心態。
10. 御：進呈御覽。

語譯：杜喬等七位中央大員依命令前往責任州郡巡察，張綱卻在驛車總站將車輪卸下、埋進土裡，說：「朝廷豺狼當道，何必外出追究狐狸？」回京彈劾：「大將軍梁冀與河南尹（首都洛陽市長）梁不疑兄弟，因為是外戚而居一人之下的高位，卻專門只會貪汙，放縱慾望毫無節制。謹列舉他倆目無君上的十五項情事，這些都是朝臣為之切齒的惡劣行徑。」彈劾書進呈御覽，京城為之震駭（被張綱的勇氣懾住）。

名句的故事

梁冀能力並不強，只因為在他當上大將軍之後，漢順帝駕崩，小皇帝（沖帝，年僅三歲）只做了五個多月就夭折，又立一個八歲的小皇帝（質帝）。質帝聰明，直話直說梁冀是「跋扈將軍」，結果梁冀乾脆毒殺小皇帝。

之後立的是十五歲的漢桓帝。由於當權二十年，三個小皇帝都是梁冀決定而立，所以權傾天下，而且肆無忌憚。梁姓家族一門先後出了七位侯爵、三位皇后、六位貴人、兩位大將軍、女性封君（爵位名）者七人，男子娶公主者三人，其他擔任卿、將、尹、校等文武高官者五十七人。

梁家如此龐大雄厚的實力，漢桓帝也只能忍住性子，等待自己長大，等待梁冀變老，並且一再為梁冀加官進爵、推恩子侄。然後祕密與單超、左悺等五位宦官訂下計謀，動員羽林軍一舉政變成功，梁冀自殺。

歷久彌新說名句

梁冀權力大到弒君、立君如家常便飯，為何不敢篡位自立？甚至後來桓帝以羽林、虎賁這些宮廷侍衛，就能讓梁冀伏法。為什麼？

就是因為有張綱這種不怕死的大臣，而且不只一位，是一大群。這些文人雖然無能結合起來對抗梁家班，可是單獨一人挺身彈劾梁冀或梁不疑，卻是前仆後繼。

這種現象說起來似乎有點可笑，但是在當時知識分子階層，這就叫作氣節。甚至家族中出一位這種有氣節之士，連家族的「門第」都因而升等。這股風氣相沿襲到魏晉南北朝，形成「九品中正」以門第論人高下的制度。

另一個以「豺狼與狐狸」為比喻的故事：

三國曹操對關中軍閥許攸擁兵自重且語出不

遜而發怒，決定優先討伐許攸。但那時候正是關羽水淹七軍、威脅許都的時候，群臣諸將都建議曹操「招撫許攸，集中力量對付關羽」。曹操橫刀於膝，板著臉不聽。

謀士杜襲入見，曹操知道他要說什麼，搶先講話，堵住杜襲的嘴：「我已經決定了，你不要再說。」

杜襲說：「如果殿下的計策正確，我願全力幫助您成功；如果計策不對，即使已經決定，還是要改。」杜襲接著問：「殿下認為許攸是塊什麼料？」曹操說：「普通材料。」杜襲說：「你啊！眼前是豺狼當路，殿下卻要先攻打狐狸，人家會說殿下是挑軟柿子吃，有損威名吶！」曹操聽了有理，於是開出優厚條件，招撫許攸，而許攸也就歸順了。

名句可以這樣用

原典中「豺狼」是朝廷大奸，「狐狸」是地方小奸；杜襲說曹操則「豺狼」是大敵，「狐狸」是小患。所以，如果只是形容奸佞得志，可以單用「豺狼當道」，但不宜抬舉奸佞的身價。一些「小卡」以「鷹犬」、「爪牙」形容就可以了，「大卡」才用豺狼來比喻。

不入虎穴，不得虎子

100

有志者事竟成

名句的誕生

劉秀對耿弇[1]說：「將軍前在南陽，建[2]此大策，常以為落落難合[3]，有志者事竟成也！」

～〈漢紀〉

完全讀懂名句

1. 耿弇：弇，音ㄧㄢˇ。東漢開國名將。
2. 建：擬訂計畫。
3. 落落：被疏離。落落難合：缺乏參與感，認為不得志。

語譯：耿將軍過去在南陽時，就擬訂了平定齊地的大戰略。由於時機一直未成熟，因而有疏離感，感覺有志未伸。然而，有志者事竟成，皇天不負苦心人啊！

名句的故事

劉秀得天下的程序：平王郎取得河北為根據地→更始敗亡，入關中，平赤眉→經營西北隗囂與竇融的關係，隔絕西南公孫述→向東方用兵，平定齊王張步與梁王劉永，至此已近完成。

耿弇在劉秀入關之前，即提出〈平齊策〉，但是劉秀當時的重點在入關取得正統地位，所以不能採納。直到赤眉投降，劉秀乃重用耿弇，派他為伐齊兩個軍團之一的統帥。

耿弇不負光武帝期望，一再擊敗齊軍，齊王張步與弟弟張藍各自率領殘部「散去」（淪為游擊隊），山東盡入東漢版圖。

劉秀親自趕到前線勞軍，在所有文臣武將面

前稱讚耿弇「功勞可比擬韓信為高祖平齊，而且難度還高過韓信」，同時以前述話語化解耿弇兩年多以來的「落落難合」心結。

歷久彌新說名句

劉秀的政治手腕比劉邦高明，在這件事情上頭得到一次印證。

劉邦當時，若韓信心生異志，聽了蒯徹的建議「自立為王，與楚、漢鼎足而立」，劉邦的天下還沒那麼快到手哩！

劉秀讀過歷史，曉得那一段過程。所以一接到耿弇捷報，立刻帶著文武官員趕到前線「勞軍」——其實有接收光復地區的作用，避免耿弇「自立為齊王」的可能性。

然後，一頂又一頂的高帽子往耿弇頭上戴，讓耿弇躊躇滿志。如此操作之下，即使有蒯徹一類的人物，也不敢向耿弇進言；即使有人進言，耿弇也不會聽得進去。

馬援見過劉秀，回報隗囂（參考「不唯君擇臣，臣亦擇君」一章）時，隗囂請馬援「比較劉秀和劉邦」。馬援說「劉邦『無可無不可』（言行無過與不及），劉秀勤於政事，行為有節守度，而且不喜歡飲酒（不放縱）」，隗囂於是知道，劉秀其實勝過劉邦。

名句可以這樣用

「有志者事竟成」常簡化為「有志竟成」四字成語使用，也和「皇天不負苦心人」、「鐵杵磨成繡花針」、「水滴石穿」等成語用法近似。

失之東隅，收之桑榆

名句的誕生

帝降璽書[1]勞異曰：「始雖垂翅[2]回谿，終能奮翼[2]澠池，可謂失之東隅[3]，收之桑榆[4]。方論功賞，以答大動[5]。」

～〈漢紀〉

完全讀懂名句

1. 璽書：蓋上皇帝玉璽的信件。光武帝以璽書慰勞馮異，以示鄭重其事。
2. 垂翅、奮翼：以鳥的動作比喻戰事失敗與勝利，是緩和氣氛的寫法。回谿與澠池都是地名，皆在今河南省。
3. 東隅：早晨。早晨太陽在東邊的牆頭。
4. 桑榆：近日落時，太陽在桑樹、榆樹之端。
5. 動：功勞。

語譯：漢光武帝劉秀以璽書慰勞馮異指出：「之前雖然在回谿遭遇挫折，但是終於在澠池贏回來，稱得上是『早晨失去的，傍晚就收了回來』。我正命令有關單位論功行賞，以報答你的大功勞。」

名句的故事

光武帝麾下大將鄧禹與馮異各率一軍攻擊赤眉（勢力最大的變民集團），馮異認為應該先利誘敵方的官兵，鬆懈其鬥志，然後分東西兩軍鉗形攻擊。

鄧禹和副帥鄧弘不接受這個戰術，主力軍傾巢而出，與赤眉軍大戰。赤眉佯敗，誘鄧軍入陷阱。鄧弘部隊被擊潰，馮異與鄧禹合力救援，赤眉軍稍稍退卻。馮異建議休兵，鄧禹不聽，率軍追擊，大敗，更連累馮異軍團也潰亂。鄧禹只剩二十四騎逃回宣陽，馮異收拾殘部堅壁自守。

一個多月後，馮異再與赤眉決戰。這一次，馮異埋下伏兵，伏兵換成赤眉服裝混入敵陣，赤眉軍在慌亂中難分敵我，陣腳潰亂，馮異給予重擊，投降者男女共八萬人。

大敗之後大勝，所以劉秀稱之為「失之東隅，收之桑榆」。

歷久彌新說名句

楚霸王項羽在垓下被劉邦擊敗，隨從只剩二十幾騎。逃到烏江口，烏江亭長勸他：「渡江回到江東，還可以捲土重來。」但是項羽已失去鬥志，自認「無顏見江東父老」，自刎而死。

相較之下，項羽的EQ還不及馮異，否則以項羽「力拔山兮氣蓋世」之勇，加上「江東子弟多才俊」，鹿死誰手的確難說。

名句可以這樣用

「失之東隅，收之桑榆」原意是在短時間內回收失去的東西或反敗為勝。但是現在多用於形容「在這一邊失去，在那一頭收回」，而且有著「東邊不亮西邊亮」或「無心插柳柳成蔭」的意思。約定俗成不能算錯，但應該知道原意，至少在萬一有人批評「引喻失義」時，可以提出說明。

百聞不如一見

名句的誕生

充國[1]曰：「百聞不如一見。兵難遙度[2]，臣願馳至金城[3]，圖上方略[4]。羌戎小夷，逆天背叛，滅亡不久[5]。願陛下以屬[6]老臣，勿以為憂。」

～〈漢紀〉

完全讀懂名句

1. 充國：趙充國，漢朝名將。
2. 度：計畫。兵難遙度：軍事行動難以遠距離計畫。
3. 金城：郡名，今甘肅省蘭州市。
4. 方略：作戰計畫。圖上方略：繪製地圖以說明作戰計畫。
5. 滅亡不久：滅亡之日不遠。
6. 屬：委託、交付。

語譯：（漢宣帝要趙充國預測羌族的動向，並詢問該派多少軍隊）趙充國回答：「聽說的消息再多也不如親至現場觀看。軍事行動很難在千里外預測或計畫，我願即刻趕往金城郡，將敵我形勢繪製成圖，並詳陳作戰計畫。羌族只不過是小小蠻夷，不識時務背叛漢朝，滅亡之日不遠。請陛下將這件事交給老臣，不必操心。」

名句的故事

漢武帝開闢河西走廊，建立酒泉、張掖、武威、敦煌四郡，將原本在湟水流域游牧的羌族趕走，切斷匈奴與西域的交通。

到了漢宣帝時，諸羌部落中的先零部落率先回到湟水流域。趙充國當時就判斷：羌族的後面一定有匈奴在「作怪」。後來由於邊防官員處置失誤，逼反了羌族各部，趙充國主動請纓，前往前線平叛。

然而，漢宣帝接受了趙充國「百聞不如一見」的說法，卻忽略了「兵難遙度」四字。趙充國每一次上奏作戰計畫，漢宣帝都交付廷議。那些紙上談兵的朝臣七嘴八舌，個個有意見，造成趙充國在前線的莫大困擾。但隨著戰事的發展，一而再、再而三地證明，趙充國的方略總是正確。於是廷議由最初只有十分之二、三贊成趙充國，漸漸增加到十分之五，再增加到十分之八——再度證明後方「百聞」確實不如前線「一見」。

歷久彌新說名句

趙充國除了善戰之外，他提出「屯田」的戰略，以期永久隔絕羌人進入湟水流域。但是，屯田政策必須配合與羌族的和平共存，否則天天都處在緊張狀態的話，屯田不易持久。

偏偏，趙充國直屬部隊之外的強弓與破羌校尉卻只想建立功勞、迅速班師。於是屠殺諸羌俘虜八千餘人（漢朝以斬首數目論功封侯），破壞了趙充國的大戰略。也使得河西走廊一直未再平靖。

名句可以這樣用

「百聞不如一見」這句名言，現代的用法已有改變，有「見到真面目超過聽聞印象」的驚歎之意。但如果是對人，倒不如用「聞名不如見面」更為貼切。

見可而進，知難而退

名句的誕生

趙兵出國[1]迎戰，見可而進，知難而退，懷內顧[2]之心，無出死之計[3]；韓信孤在水上[4]，士卒必死，無有二心。此信所以勝也。

～〈漢紀〉

完全讀懂名句

1. 國：此處作「都城」解釋。
2. 內顧：掛念家人、妻子。
3. 計：同「計畫」之計。
4. 水上：背水結陣。

語譯：趙軍在都城外迎戰，戰鬥有利則前進，攻勢受阻則後退回城，心裡掛念的是都城內的家小，士卒都沒有必死的心理準備；韓信的軍隊則是背水一戰，士卒懷必死之心，沒有人有第二種念頭。這是韓信之所以得勝的原因。

名句的故事

這是荀悅評論韓信攻趙得勝原因的用語。韓信在劉邦麾下擔任大將，成名作是「明修棧道，暗渡陳倉」；這一役也有一句名言是「置之死地而後生」。事實上，韓信攻下趙國之後，又收編了齊地，勢力範圍包括今日河北、山東這一大塊，擁有和項羽、劉邦「鼎足」的實力。

但是在項羽敗亡之後，韓信卻被劉邦玩弄於股掌之上：先將他由根據地齊國改封楚王，再奪取他的軍隊改封淮陰侯，最後被呂后騙進未央宮斬首（狡兔死，走狗烹）。後人分析韓信一再被劉邦玩弄的心理因素，卻是「無有二心」的另一個解釋：韓信對劉邦效忠「無有二心」，所以一直下不了決心造反。

歷久彌新說名句

另一個歷史借鏡是田單：

田單雙城復齊之後，齊王封他為安平君，但是他帶兵討伐狄人卻久攻不下。魯仲連就對田單說：「當年在即墨時，將軍有必死的決心，士卒無苟生之念，所以能夠擊敗燕軍。眼前的情況，將軍擁有封邑的俸祿，腰間佩著黃金寶劍，活著多麼快樂，當然就沒有拚死奮戰的決心。所以無法取勝。」

田單聽懂了魯仲連的話。第二天，田單激勵將士攻城，親自站在第一線敵人矢石可以射到的地方，親手擊鼓催陣，於是攻下了狄人的城池。

名句可以這樣用

田單的故事詳見《中文經典一〇〇句・戰國策》書中的「有生之樂，無死之心」。

和本句「見可而進，知難而退」雖然描述的情境不同，但都是形容一種缺乏決心、未作戰先想退路的心理狀態。兩者的結果也是相同的——失敗。

注意一下，此處的「知難」是「做下去發現困難重重」的意思。切莫與「知難行易」的「知難」混淆了，後者是「了解比較難，實行比較容易」的意思，屬於力行哲學。

鞠躬盡瘁，死而後已

名句的誕生

夫難平者事[1]也。昔先帝敗軍於楚，當此時，曹操拊手[2]，謂天下已定；然後先帝東連吳越、西取巴蜀，舉兵北征，夏侯授首，此操之失計而漢事將成；然後吳更違盟，關羽毀敗，秭歸蹉跌[3]，曹丕稱帝；凡事如是，難可逆見。臣鞠躬[4]盡力，死而後已，至於成敗利鈍[5]，非臣之明所能逆覩[6]也。

～〈魏紀〉

完全讀懂名句

1. 平：同「評」。事：時勢變化。
2. 拊手：高興時搓手的動作。現代人「拊掌稱快」通常就指拍手。
3. 蹉跌：劉備兵敗的婉轉形容。
4. 鞠：彎曲。躬：自身。鞠躬此處做「親力親為，不辭辛勞」解。「弓身下拜行禮」則是以動作為解。
5. 利鈍：得失。得則有利，而「鈍」為利之反義詞。
6. 逆覩：預見。覩：看見。

語譯：世上最難評斷的就是時勢變化。當年先帝（劉備）在基地（當陽、長阪皆在今湖北省，古楚地）兵敗時，曹操拊手稱快，認為天下統一在望；可是後來先帝東連吳越（孫權）、西取巴蜀（劉璋），揮軍北伐，摘下夏侯淵（曹軍統帥）的腦袋，這是曹操算計失策，而漢室將興的契機；誰曉得後來吳國違背盟約（其實是蜀漢占荊州不還），關羽陣亡，先帝在秭歸挫敗，曹丕篡漢稱帝。世事就是如此，難以預料。（我這次北伐出征也一樣難以逆料）我只有盡一己之力，至死方休而已。至於大事的成敗得失，就不是我的識見所能預見的了。

名句的故事

本句出自諸葛亮〈後出師表〉。由於《三國志》中未載本表，只見於裴松之註，因此有人認為是偽作，但這一點並不重要。

重點在於，文章中一再強調「為什麼非出征不可」，文末則如前述盡己之力、不計成敗，足見當時蜀漢內部必定瀰漫著一片失敗主義。

事實是，諸葛亮前次北伐失敗，甚至「揮淚斬馬謖」，大軍並未返回成都，而是在祁山地區屯田。而成都內部很少人明白諸葛亮「以攻為守、決戰境外」的戰略思想，因而反戰主義高張。

歷久彌新說名句

〈後出師表〉的氣勢完全無法和〈前出師表〉相比擬，尤其是「臣伐賊，才弱敵強；然不伐賊，王業亦亡。惟坐而待亡，孰與伐之」幾句，連前台大校長傅斯年都認為是「不必勝論」。然而，明知不可而為之，豈不更見諸葛亮對戰略的執著，他的痛苦在於「旁人不識，仍得貫徹」。

名句可以這樣用

〈後出師表〉的佳句尚包括「漢賊不兩立，王業不偏安」、「寢不安席、食不甘味」等。

疾雷不及掩耳

名句的誕生

（曹操釋諸將）渡渭[1]為堅壘[2]，虜[3]至不出，所以驕之也；故賊[3]不為營壘而求割地。吾順言[4]許之，所以從其意，使自安而不為備，因畜[5]士卒之力，一旦擊之，所謂疾雷不及掩耳。兵之變化，固非一道也。

～〈漢紀〉

完全讀懂名句

1. 渭：渭水。
2. 壘：防禦工事。為堅壘：示敵將堅守不攻。
3. 虜、賊：皆為「敵人」之輕視代名詞。
4. 順言：講好話。
5. 畜：同「蓄」。

語譯：（曹操向諸將解釋）渡過渭水之後，軍營深溝高壘，敵人攻來也不出戰，目的是讓敵人驕傲（驕兵必敗）；所以敵人不構工事而要求割地（驕傲）。我順他的意向講好話，讓他心安而不設防備，同時積蓄士卒的氣力。等到我聚集足夠力量，突然出擊，那就像天空突然落雷，讓對手來不及掩住耳朵（反應不及，慌亂潰敗）。用兵的變化，實在不是簡單可以道盡的啊！」

名句的故事

曹操打敗袁紹之後，在赤壁鎩羽。乃掉轉方向，朝西北發展，遭到馬超、韓遂的頑強抵抗，使出一連串的計謀，才打下了關中，馬超等退至涼州（甘肅）。

諸將對曹操的戰術不解其妙，提出問題，曹操一一解答：固守潼關是為了吸引敵軍主力，方便徐晃取西河，建立側翼陣地；在渭南深溝高壘不出戰，是驕兵之計，同時蓄養士卒氣力；渡過渭水後不出戰，還有一個目的：等待敵方各路兵馬聚集，以便一舉殲滅，省去日後征伐的苦工。

歷久彌新說名句

五胡亂華時期，前秦苻堅重用漢人王猛。王猛率軍東征（前秦以關中起家，中原在東邊）。苻堅親自送行至灞上，對王猛指示戰略路線：「先破壺關、平上黨，長驅直入攻取鄴城，所謂『疾雷不及掩耳』。我將率大軍後繼，你不要擔心後勤糧草的問題。」

二次大戰初期，德軍採「閃電戰」入侵荷蘭、比利時，然後攻進法國，繞過有名的馬其諾防線。同樣是快速攻擊、出其不意，也同樣是利用法軍倚恃馬其諾防線的驕傲心理。

名句可以這樣用

曹操和苻堅說的「所謂」，是因為《淮南子．兵略》裡就有這兩句：「疾雷不及塞耳，疾霆（閃電）不暇掩目。」而淮南子指的是「一旦看準了敵人的弱點，就不要放鬆，而且要跟雷擊、閃電一樣快速且致命」。

《封神演義》中「金吒智取遊魂關」裡的用語是「迅雷不及掩耳」。「迅雷」比「疾雷」適合白話說書，所以話本中多用「迅雷」，而我們現在就習用「迅雷不及掩耳」了。

強弩之末勢不能穿魯縞

名句的誕生

曹操之眾遠來疲敝[1]，聞追豫州[2]，輕騎一日一夜行三百餘里，此所謂強弩之末勢不能穿魯縞[3]者也。故兵法忌之，曰「必蹶[4]上將軍」。

～〈漢紀〉

完全讀懂名句

1. 敝：病。有一種理論認為，八十三萬曹軍在赤壁之役戰敗的主因，是軍中瘟疫大流行。
2. 豫州：指劉備。劉備曾擔任豫州牧。
3. 縞：素綢。魯縞：山東曲阜（孔子家鄉）出產的綢布最輕最薄。
4. 蹶：顛仆，如「一蹶不振」。引申為「挫折」。

語譯：（諸葛亮遊說孫權）曹操的軍隊雖多，但是自遠處來，又累又病。聽說他們在追趕劉備的時候，輕騎兵急行軍一日一夜趕三百多里路，這正是所謂的「強勁的弓弩在有效射程末端已經無力穿透最薄的絲綢」。兵法上非常忌諱這樣（急行軍），認為那將造成大將的挫折（亦即吃大敗仗）。

名句的故事

曹操率八十三萬大軍南下，荊州劉表剛好過世，次子劉琮奪位後投降曹操。但是劉備不能降曹（因為先前已與曹操決裂），於是率眾南逃，駐在夏口（今武漢）。唯一能夠引以為援的就是江東孫權，乃派諸葛亮前往柴桑（今九江）見孫權。本文就是諸葛亮遊說孫權最重要的一段。

諸葛亮鼓舞孫權的鬥志：「孫、劉聯手，必能擊敗曹操，於是天下鼎足而三的大勢就此形成。」

孫權心意既定，乃否決了張昭等主和派的意見，充分授權周瑜、魯肅等主戰派。結果，赤壁一役奠定了三國形勢。

歷久彌新說名句

漢武帝時，匈奴請求和親，皇帝交付廷議。大行（九卿之一）王恢主張不同意，並發兵攻擊；御史大夫韓安國認為：「漢軍遠赴千里外征戰，人馬俱疲，『強弩之極（極限），矢（箭）不穿魯縞；衝風（強風）之末，力不能漂鴻毛』。這不是發動時的勁道不夠，而是力量用到末端，已經衰弱了。既然攻擊不易取利，不如答應（匈奴）和親。」

朝臣大多贊成韓安國的意見，於是武帝同意和親。（但是隔一年後，漢朝與匈奴又開始長期戰爭）

名句可以這樣用

很顯然，諸葛亮是借用了韓安國的典故，但是因為諸葛亮的用語精簡又傳神，所以我們現在都用這一句「強弩之末勢不能穿魯縞」。任何氣衰力竭或招式用老，都可以稱之為「強弩之末」。甚至一種流行，一陣風潮在接近結尾之時，都可以稱之為「強弩之末」。

不入虎穴，不得虎子

名句的誕生

超[1]曰：「不入虎穴，不得虎子。當今之計，獨有因[2]夜以火攻虜[3]，使彼不知我多少，必大震怖，可殄[4]盡也。滅此虜，則鄯善破膽，功成事立矣。」

～〈漢紀〉

完全讀懂名句

1. 超：班超，東漢通西域名將，封定遠侯。
2. 因：趁、利用。
3. 虜：對敵人的貶意稱呼，同「賊、匪」。
4. 殄：消滅。

語譯：班超（對所屬三十六員）說：「不冒險進入虎穴，就抓不到小老虎。眼前唯一可行的是，利用黑夜進行火攻，使對方不能判斷我方實力，必定大為恐懼，就可以一網打盡。消滅了這一批（匈奴使節），鄯善國王必定嚇破了膽，我們的功勞和事業就搞定了。」

名句的故事

大將軍竇固派班超出使西域。到了鄯善國，國王起初很熱情接待，但稍後不久旋變為冷淡。班超以他敏銳的感覺、機智的方法，自侍者口中套出實情，果如所料，匈奴使節團也到了鄯善，而且人數有一百多人，而班超只有三十六人。

於是班超激勵部下，飲酒壯膽之後，夜襲匈奴營地，順風放火，殺聲震耳，當場格殺三十多人，燒死一百多人。

班超「請」來鄯善王，公開展示匈奴使節團的人頭，告誡國王：「今後莫再跟匈奴來往。」鄯善國王叩頭發誓：「願臣服中國，永無二心。」

自此以後，班超擔任西域都護三十多年，西域諸國在他鎮壓之下，不敢和北匈奴來往。

歷久彌新說名句

以寡擊眾的要領就是奇襲，奇襲一定不能讓對方很容易估計我方兵力，否則就不「奇」了。而奇襲一定要有具震撼力的戰術性武器，在古代，一是水攻，一是火攻，水火兩者非人力所能對抗，能夠造成立即性的震撼力。

《三國演義》關羽水淹七軍是水攻奇襲；赤壁大戰與戰國田單復齊是火攻奇襲。

南北朝時，北魏中山王元英率百萬大軍攻擊徐州，南梁派曹景宗、韋叡二路往救。韋叡急行軍趕到前線，一夜之間掘成長壍（騎兵躍不過的壕溝）、築土城、樹鹿角，先嚇住了元英；又乘著淮水暴漲，以小船載著灌滿膏油的蘆葦桿，順水縱火，燒斷了元英連絡河西岸的兩座交通橋。元英部隊被截為三塊，韋叡軍乘勢攻擊，擊潰對手百萬大軍。——這是兼用水火進行奇襲的例子。

名句可以這樣用

班超原句「不入虎穴，不得虎子」是肯定句，不容部屬「想太多」；我們常用「不入虎穴，焉得虎子」有問句的意味，聞者會想一想「入虎穴」的風險和「得虎子」的報酬，評估划算才會去做。

風聲鶴唳，草木皆兵

名句的誕生

秦王堅與陽平公融登壽陽城望之，見晉兵部陳嚴整，又望八公山上草木皆以為晉兵。……秦兵大敗，自相蹈藉[1]而死者，蔽野塞川。其走者聞風聲鶴唳[2]，皆以為晉兵且[3]至，晝夜不敢息，草行[4]露宿[5]，重以飢凍，死者什七八[6]。

～〈晉紀〉

完全讀懂名句

1. 蹈：踩踏。藉：壓在上面。
2. 唳：鶴鳴曰「唳」。
3. 且：將。
4. 草行：涉草而行，不敢由路上走。
5. 露宿：宿於野外，不敢入人家。
6. 什：同「十」。什七八：十之七、八。

語譯：前秦天王苻堅和弟弟陽平公苻融一同登上秦陽城，望見東晉軍營各部陣形嚴整，又望見城外八公山上謝玄布置的假陣地，以為草木間都是晉軍。……秦兵大敗，互相踩死的、壓死的遍野都是，甚至塞住河水不流通。逃亡者聽到空中的風聲、鶴鳴聲，都以為是晉軍追來，早晚都不敢休息，不敢走大路，也不敢向人民借宿，加上時值冬天，又凍又餓，死亡十之七、八。

名句的故事

著名的淝水大戰故事。前秦苻堅在統一北方之後，領八十七萬大軍南下，揚言「投鞭斷流」。

還記得苻堅看不起曹操嗎（參閱「未知鹿死誰手」一章）？但是苻堅在淝水之戰犯了和曹操相同的錯：錯一、行軍太急（參閱「強弩之末勢不能穿魯縞」一章）；錯二、北軍不擅水戰。甚至苻堅在大軍挫敗後，撤退的慘況遠甚於曹操。曹操是被小說《三國演義》渲染成一副狼狽相，事實上曹操退防有序，損失未如苻堅之慘重。

苻堅還有一點不如曹操：曹操敗後仍大權在握，軍民一心；苻堅經此一敗，鮮卑（慕容垂）、羌（姚萇）相繼叛變，前秦帝國毀於一役。

歷久彌新說名句

古今稱為名將者，不但要會打勝仗，還要會「打敗仗」。這不是說常敗將軍可以稱為名將，而是說「勝敗乃兵家常事」，處理敗仗比處理勝仗更難。因為打勝仗時軍心士氣高昂，將帥的命令容易貫徹；但是打敗仗或形勢不利要退兵時，若非訓練有素之軍隊，很容易就潰散，軍令完全無作用矣！

諸葛亮號稱用兵如神，《三國演義》甚至有「死諸葛嚇走活仲達（司馬懿字）」一幕，就是最佳例證。

唐朝劉鄩在與沙陀軍對戰中，居劣勢，趁一次小勝利，將草人身上綁旗子，放在驢子背上巡城頭。主力悄悄撤退，敵人數日之後才察覺。這可算是淝水之戰「草木皆兵」的另類應用了。

名句可以這樣用

「風聲鶴唳，草木皆兵」的相似成語包括：杯弓蛇影、疑神疑鬼。

吉凶有命，禍福由人

名句的誕生

或言[1]欲以避衰[2]，或言欲以便移[3]殿舍，或不知何故[4]。臣以為吉凶有命，禍福由人[5]，移走[6]求安，則亦無益。

～〈魏紀〉

完全讀懂名句

1. 或言：有人說。
2. 衰：霉運。
3. 便移：改建。此處指「換風水」。
4. 不知何故：此處指「不可說的原因」。
5. 由人：由人自主。
6. 移走：遷移房舍或避走他處。

語譯：（魏明帝欲往許昌，司空陳群勸諫）

有人說是為了避開宮內霉運，有人說是為了改建殿舍（更動風水），也有人說一些「不可知」的理由。無論如何，我認為，世事吉凶（如人壽）或許是天命注定，但是事情是福是禍卻是人可以自主（視決策對誤），改風水或出外避禍，都沒有益處。

名句的故事

魏明帝的愛女夭折，明帝非常哀傷，給予超過禮數的哀榮：追謚平原懿公主，立廟於洛陽，葬在南陵，為她完成冥婚……這些都是皇家家務事，群臣也不敢置喙。但是，魏明帝要親自送葬到南陵，並且御駕要臨幸許昌，這可是大工程，整個政府要隨之移動，於是推三公之一的陳群進諫。

魏宮到底發生了什麼「霉」事？《通鑑》上未記載，但同年有記載「五月，皇子殷（曹殷）卒」。很有可能，宮中正流行一種對兒童致命的傳染病（如天花）。若是，則「集體外出，整建宮殿」搞不好歪打正著——有益於古老建築全面通風一遍。

歷久彌新說名句

《左傳》魯國大夫閔子馬調解季孫氏家族糾紛，勸季氏長子（庶出）公鉏「禍福無門，唯人所召」，不遵從父親的話，可能淪落為庶民。這八個字和本句的意思相近。

東漢成帝專寵趙飛燕，趙飛燕譖害許皇后與班倢伃「用巫蠱詛咒皇帝」。成帝廢了許皇后，並詰問班倢伃，班倢伃回答：「臣妾聽人說『死生有命，富貴在天』，做善事尚且不能保證得福，做邪事豈得善報？」意思是她不可能去做巫蠱詛咒之事，成帝乃不問其罪。這裡，「富貴在天」就和「禍福由人」完全相反意思了，前者消極順天，後者積極求福。

名句可以這樣用

用禍、福對應的名句很多，可以隨情況應用：「禍與福同門，利與害同鄰」（皆由自取）、「禍兮福之所倚，福兮禍之所伏」（順利時小心樂極生悲，但危機往往蘊藏轉機）、「轉禍而為福，因敗而為功」（扭轉劣勢的契機）。

富貴不淫，貧賤不移

糟糠之妻不下堂

名句的誕生

湖陽公主[1]新寡，帝與共論朝臣，微觀其意。主曰：「宋公[2]威容德品，群臣莫及。」帝曰：「方且圖[3]之。」後弘被引見，帝令主坐屏風後，因謂弘曰：「諺言『貴易交，富易妻』人情[4]乎？」弘曰：「臣聞貧賤之知不可忘，糟糠[5]之妻不下堂。」帝顧謂主曰：「事不諧[6]矣。」

～〈漢紀〉

完全讀懂名句

1. 湖陽公主：光武帝劉秀的姊姊劉黃。
2. 宋公：宋弘，時任大司空。
3. 圖：算計。方且圖之：猶言「且讓我研究研究該如何進行」。
4. 人情：人之常情。
5. 糟糠：貧窮人家以糟糠為食。
6. 諧：和。不諧：配不起來了。

語譯：湖陽公主新寡，光武帝劉秀與她一同品評朝臣，試探她的意向。公主說：「大司空宋弘的威嚴、容貌、品德、才能皆非其他大臣可及。」弟弟劉秀說：「容我想想辦法。」

有一天，宋弘被皇帝在宮中召見，光武帝事先叫公主坐在屏風後頭（旁聽）。劉秀對宋弘說：「俗話說：『地位尊貴之後，容易結交新朋友；有了財富之後，容易娶新老婆。』這是人之常情嗎？」宋弘說：「我只聽過：貧賤時交往的朋友不可相忘，貧賤時結髮的妻子不可離棄。」光武帝回頭對屏風後面的湖陽公主說：「配不起來了。」

名句的故事

宋弘是一個非常嚴肅的人。他推薦桓譚擔任給事中（宮廷秘書處官員）。桓譚擅長奏琴，光武帝很喜歡他的華麗樂風。宋弘聽說此事，很不高興。有一次，等到桓譚自宮中出來，宋弘穿上朝會官服，正襟危坐於辦公室。派人召來桓譚，桓譚到了，宋弘不讓他坐下，責問他：「你是要自己改正，還是要我糾舉你送交法辦？」桓譚頓首謝罪，許久，才讓他走。

後來，光武帝在一次聚會時，叫桓譚奏琴。桓譚看見宋弘在座，手足無措，頗為失態。光武帝大為奇怪，問他原因。這時，宋弘離席、脫帽向皇帝請罪，說：「臣推薦桓譚任官，是希望他能忠心正義為陛下服務，如今卻讓陛下沉溺於靡靡之音，這全是我的錯誤。」光武帝動容並向宋弘道歉——宋弘就是這麼嚴肅，甚至無趣！

歷久彌新說名句

宋弘是可敬的，尤其若與〈包公案〉的陳世美相比的話。

換個角度看，凡人都想攀龍附鳳，所以公主想要下嫁，宋弘居然婉拒，真是不識相。劉秀對大臣以禮相待（未勉強宋弘娶公主），是他之所以成為明君的重要因素。

名句可以這樣用

孟子說：「富貴不能淫，貧賤不能移，威武不能屈，此之謂大丈夫。」宋弘婉言駁正皇帝說的「貴易交，富易妻」，同時抵抗來自皇帝的壓力，可以稱得上是大丈夫了。回過頭來看，若宋弘真的休了糟糠之妻，娶了公主，那他必定成為一個「小丈夫」！

窮當益堅，老當益壯

名句的誕生

馬援常謂賓客曰：「丈夫為志，窮當益堅，老當益[1]壯。」後有畜數千頭，穀數萬斛，既而[2]歎曰：「凡殖[3]財產，貴其能賑施[4]也，否則守錢虜[5]耳！」乃盡散於親舅。

～〈漢紀〉

完全讀懂名句

1. 益：愈發。
2. 既而：於是。
3. 殖：生。
4. 賑：救濟。施：施捨。
5. 虜：俘虜。戰敗方之俘虜多充奴隸，故守錢虜即今所謂守財奴。

語譯：馬援年輕時在邊郡墾荒放牧，常常對賓客們說：「大丈夫立志做大事，窮困時要益發堅定，年老時要益發強壯。」後來他農牧事業有成，牛隻有數千頭，積穀有數萬斛，這時他又感嘆：「賺了錢、累積財富，貴在能救助需要幫助的人，否則不過是個守財奴罷了。」

名句的故事

馬援年輕時家貧，他主動向老哥馬況請求到邊郡去開墾放牧，馬況對弟弟說：「你有很高的才華，但卻屬於大器晚成那一型。優良的工匠不將未完成的作品給人家看，你就去吧！」

馬援後來先投靠隗囂，再投靠光武帝。光武帝統一天下之後，馬援仍一再擔任遠征軍司令官，伐交趾、討匈奴、平五溪蠻。那句「男子漢大丈夫當身死沙場，以馬皮裹著屍體下葬（「馬革裹屍」成語典故），豈可死在家中床上」，名言就是出自他口。

也就是說，馬援在年輕時講「老當益壯」不是唱高調、說大話，是他一貫的原則，並且終生奉行。

同時，他不做守財奴也是一貫的原則，此所以他一再主動請纓，從來沒有停下來享受榮華富貴。（馬援是開國功臣、封侯爵，後來更成為光武帝的親家，東漢明帝的岳父）

歷久彌新說名句

一般人發了財，常見兩種作為：一種是討小老婆、蓋新房子，以財富驕人；一種是立即變得保守，比以往更節儉，深怕子孫繼承不到這份財產。前者叫暴發戶，後者叫守財奴。

馬援不是上述兩種「常人」。但是馬援輕財仗義卻也不是為了有逐鹿天下的野心。他聽說隗囂招募才能之士，就去投靠隗囂；他與蜀王公孫述是同學，公孫述要封他做大將軍，他不幹；最終認定劉秀是真命天子，乃終生追隨。

以馬援的才學、韜略、講義氣，他即使不如劉秀，也勝過隗囂、公孫述。也就是說，馬援生在那個亂世，其實有至少割據一方的條件。但是他卻從來沒有起過那個念頭，堪稱一個異數！

名句可以這樣用

我們比較常用「老當益壯」來形容一個人年紀雖大，身體卻很好。可是別忘了「窮當益堅，老當益壯」連起來用時，是指有著不向逆境屈服的意志力，終生無畏於迎接挑戰。

賢而多財，則損其志；愚而多財，則益其過

名句的誕生

廣[1]曰：「吾豈老誖[2]不念子孫哉？顧[3]自有舊田廬，令子孫勤力其中，足以共[4]衣食，與凡人齊[5]。今復增益之以為贏餘，但教子孫怠惰耳。賢而多財，則損其志；愚而多財，則益其過。且夫富者眾之怨也，吾既無以教化子孫，不欲益其過而生怨。」

～〈漢紀〉

完全讀懂名句

1. 廣：疏廣，漢宣帝時擔任太子太傅。
2. 誖：惑。老誖：老糊塗。
3. 顧：念及。
4. 共：同「供」。
5. 齊：相等。

語譯：疏廣（退休後將皇帝的賞賜分享族人、故舊）說：「我難道是老糊塗不替子孫著想嗎？因為想到自家原本就有田有屋，讓子孫勤勞農耕，已經足供衣食，過著和平常人家一樣的生活。如果增加他們的財產，只會讓子孫怠惰而已。如果子孫有才能，錢多了會損害他們的志氣；如果子孫不肖，錢多了會增加他們的過失。況且，太有錢會成為眾人怨望的對象。我沒有能力教導子孫讓他們有出息，至少不要增加他們的過失。」

名句的故事

疏廣擔任太子太傅，太子十二歲時，疏廣對太子說：「老子說『知足不辱，知止不殆』，

如今我做官已做到頂（三公之位）了，再不離去，恐怕將來要後悔。」於是和兒子一同上疏「乞骸骨」（請求退休養老），皇帝批准，加賜黃金二十斤，皇太子也贈送五十斤。疏廣將這些黃金與族人、故舊共享。

歷久彌新說名句

西漢大臣多有「乞骸骨」的動作。在後代，那是一種矯情，或是弊案快要爆發之前的危機處理。但是，西漢時的大臣卻是真的為「避賢者路」而申請退休。

與疏廣同時，車騎將軍張安世和兒子張延壽都封侯。張安世行事謹慎周密，深怕高位招忌，乃申請「辭祿」（不受封邑收入），同時為兒子請了一個地方官的差事，父子兩位侯爵都只領工作俸祿。這是知足與知止的又一例。

三國蜀漢丞相諸葛亮在為國捐軀之前，上表後主（劉阿斗）：「臣在成都有桑樹八百株，薄田十五頃，子弟衣食已有餘。臣別無其他收入，到鞠躬盡瘁那一天，肯定不讓家裡有多餘的布帛、外面有多餘的財富，以免辜負陛下。」他死後，這些話果然都經得起檢驗。這是「不教子孫怠惰」的又一例。

名句可以這樣用

現代常聽到一句「娶個有錢老婆，少奮鬥二十年」。此話對否且不論，這位「老婆」大概已經不可能得到真愛情了。以此看來，太有錢對女兒也不見得好哩！

然而，古代的讀書人只有「學而優則仕」一條出路，而求財好利對士人而言並非好的德行，所以有此名句。如今工商業發達社會，讀了書進入商界者事屬正常，這句名言就不能一體適用了。

人生如朝露

名句的誕生

（李陵說蘇武）足下兄弟二人，前皆坐事[1]自殺；來時，太夫人已不幸；子卿[2]婦年少，聞已更嫁矣；獨有女弟[3]二人、兩女、一男，今復十餘年，存亡不可知。人生如朝露[4]，何久自苦如此。

～〈漢紀〉

完全讀懂名句

1. 坐：同「連坐」用法。坐事：涉入罪案。武帝時法條綱密，官員一不小心就會被判罪。
2. 子卿：蘇武，字子卿。
3. 女弟：妹妹。
4. 朝露：早晨的露珠，太陽出來後就會蒸發。以之譬喻生命短促。

語譯：（李陵遊說蘇武投降的一段）你的兩位兄弟都因為涉案自殺；你被遣到北海牧羊時，母親已經過世；你的妻子年紀輕，聽說已經改嫁了；留下兩位妹妹、兩女一男，已經十多年過去，死活不可知（親人已無可掛念）。人生就像早晨的露珠一樣，隨時蒸發消逝，何必自己折磨自己那麼久呢？

名句的故事

有名的「蘇武牧羊」故事。蘇武堅持不投降，就被遣至北海（貝加爾湖）牧羊。沒有食物就挖地尋野鼠、吃草的種籽。每天牧羊，漢武帝賜的節杖不離手，十幾年下來，節杖上的毛都掉光了，但仍堅持不投降。

匈奴單于派之後投降的李陵，也是蘇武的老友去遊說他投降。李陵置酒設樂，先說蘇武在漢朝已無可掛念，再說本身（投降）經歷的內心痛苦掙扎，最後述說漢武帝法令無常（不把人當人看）。但是蘇武堅持不降，直到漢昭帝時才回到漢朝。蘇武被扣留在匈奴十九年，去時正值盛年，回來已鬚髮盡白。

歷久彌新說名句

漢高祖劉邦誅殺功臣，張良為求自保，宣稱要學仙人「辟穀」之法，不食人間煙火（參考「以三寸舌為帝王師」一章）。

呂后因感念張良曾經幫她的兒子（後來的惠帝）穩住太子之位，強迫張良進食，勸他說：「人生一世間，如白駒過隙（像白馬奔過一道小縫隙），何至自苦如此乎！」於是張良恢復進食，也保住了性命。

這是以「人生短促，不應太苦自己」為說服點的故事。另外還有一個相似的故事與名句：

三國時，魏國政變，司馬懿殺了曹爽。曹爽家裡有一位寡居的堂弟媳婦，政變後，父親要將他接回家，並將她改嫁。這位寡婦持刀切下自己的鼻子（破相以斷改嫁之念），家人說：「人生世間，如輕塵棲弱草（草上的灰塵，隨時吹去）耳，何至自苦乃爾。」

名句可以這樣用

人生如朝露、如「白駒過隙」、如「輕塵棲弱草」，但是人生因此而應該及時行樂？還是積極於事業？就看每個人的價值觀如何了。

貧不學儉，卑不學恭

名句的誕生

諺言：「貧不學[1]儉，卑不學恭。」非人性分殊[2]也，勢[3]使然耳。假令太祖[4]防遏植[5]等在於疇昔[6]，此聖之心，何緣有窺望[7]乎！

～〈魏紀〉

完全讀懂名句

1. 不學：不必學。
2. 分殊：差別。
3. 勢：形勢、環境。
4. 太祖：曹操，廟號魏太祖。
5. 植：曹植。
6. 疇昔：從前。相似用法如「曩昔」、「疇日」。
7. 窺望：非正視，喻「非分之想」。

語譯：俗話說：「貧窮的人用不著學習，自然會節儉；卑微的人用不著學習，自然會謙恭。」並不是人性天生就有差別，而是環境、形勢使然。如果曹操早一點就預防遏止曹植等人的野心，那就是英明的措施，怎麼還會讓其他兒子仍有非分之想呢！

名句的故事

曹操的兩個兒子曹丕、曹植爭儲，曹操雖然指定曹丕為魏王太子，但是情況在曹操過世後，仍出現後遺症。

曹操死在洛陽軍中，而太子曹丕留守鄴都。軍中情緒不穩，幕僚一度擬議「祕不發喪」，但最後仍然發喪。

曹操的第四子曹彰是兄弟中最驍勇善戰的，聞訊趕到軍中，問：「先王璽綬何在？」但是被諫議大夫賈逵頂了回去：「國家有法定繼承人，先王璽綬不是殿下應該問的。」

曹丕即位，立即下令諸弟「就國」（前往各自封國！不留在都城）。並且發動自己的黨羽「檢舉」曹植行為不端，貶曹植的爵位，誅殺曹植的黨羽（《資治通鑑》是給皇帝看的治道之書，所以未記載「七步成詩：本是同根生，相煎何太急」的故事）。

魚豢（魏人，司馬炎篡晉後不仕，私修《魏略》，因是魏臣，所以稱曹操為太祖）在評論這一段時，提出前述看法。認為兄弟相殘是曹操未能及早定儲的後遺症。

歷久彌新說名句

繼承人遲不決定，朝臣必然各自靠向較親近的一方。曹操的老對頭袁紹死後，兒子互爭，被曹操各個擊破。但曹操並未就此得到啟示。

曹丕兄弟相害，孫權看在眼中，也未得到啟示，最後廢嫡立庶，造成吳國內傷。反而是劉備始終認定劉阿斗是繼承人，蜀漢接班毫無波折（當然，諸葛亮是最重要的安定因素）。

清朝康熙皇帝讓每個兒子都接受帝王養成教育，學習經、史、算術、天文、幾何等，還讓他們領旗（擁有直屬軍隊），於是眾阿哥人人想當皇帝，最終不免演出「八王奪嫡」骨肉相殘。

名句可以這樣用

處在怎樣的環境中，自然就會養成怎樣的習慣與價值觀。相似的名句是「蓬生麻中，不扶而直」，同樣強調教育環境的重要。

既得隴，復望蜀

名句的誕生

丞相主簿司馬懿言於操曰：「劉備以詐力虜劉璋，蜀人未附[1]，而遠爭江陵[2]，此機不可失也。今克漢中，益州震動，進兵臨之，勢必瓦解。聖人不能違時，亦不可失時也。」操曰：「人苦無足[3]，既得隴，復望蜀邪！」

～〈漢紀〉

完全讀懂名句

1. 未附：意指人心尚未歸附。
2. 江陵：地名，今武漢。
3. 無足：不知足。

語譯：（曹操攻下漢中之後）曹操的幕僚長司馬懿建言：「劉備以詐術俘虜劉璋，蜀地人心未附，卻又遠赴江陵與孫權爭荊州，這是不可失去的機會。我方攻取漢中，益州人心惶恐，大軍兵臨城下施以軍事壓力，勢必瓦解。雖然說，聖人不能違反時機行事，但是聖人也不該錯失時機呀！」曹操說：「人心苦於不知足。才得到甘肅，又想要四川嗎？」

名句的故事

劉備早期一直苦無根據地，如喪家之犬般到處依附他人。直到赤壁一戰勝利，得到荊州八郡，才算有了自己的地盤。

曹操攻漢中，劉璋怕了，卻「引狼入室」請劉備來協防。劉備抓住機會奪取益州（此即司馬懿所說「以詐力虜劉璋」），可是孫權得到消息，乃向劉備「討荊州」，所以劉備又趕赴江陵與東吳折衝，這是司馬懿所指「機不可失」。

但是曹操不想大軍繼續深入四川，所以澆了司馬懿一盆冷水。

歷久彌新說名句

曹操這兩句其實是借用東漢光武帝劉秀的「人苦不知足，既平隴，復望蜀」，但兩人的意思完全不一樣。

東漢初年，尚有兩個軍閥割據：隗囂在隴右（甘肅南部）、公孫述在蜀（四川成都平原）。劉秀與大將岑彭攻天水，偏將吳漢將隗囂圍困在西城。公孫述派出援軍，劉秀派耿弇、馮異抵擋，自己回到京城洛陽。

劉秀在洛陽發出詔書給岑彭：「若兩城攻下，大軍可南下擊蜀虜。人苦不知足，既平隴，復望蜀。」

劉秀為何要在軍事指令的後面加上這幾句？為的是宣慰遠征軍司令：「我知道你辛苦了，弟兄們也辛苦了。可是人就是這樣，因為不知足而苦。得了隴，還想要蜀。」

所以，劉秀是要大軍繼續前進，而曹操是不要的，兩人的意思完全相反。

名句可以這樣用

換一個角度看：劉備才得荊州，一有機會，馬上就去奪益州，不也是另一種「得隴望蜀」嗎？

相似的成語是「得寸進尺」，但「得隴望蜀」有貪得無饜的意思，「得寸進尺」則有逼人太甚的意味。

登龍門

名句的誕生

時朝廷日亂，而膺[1]獨持風裁[2]，以聲名自高，士有被其容接[3]者，名為登龍門[4]云。

～〈漢紀〉

完全讀懂名句

1. 膺：李膺，東漢末年清流領袖。
2. 風：風憲、風紀。風裁：司法裁奪。
3. 容接：容納、接待。
4. 登龍門：黃河過山西龍門處有急湍，魚類不能上溯。傳說魚能躍上則為龍，故名龍門。

語譯：當時朝廷政風敗壞，只有李膺以司隸校尉身分力持司法威信（執法嚴格），所以聲名一天比一天高。當時知識分子能受到他接待的，也因而身價上漲，得蒙他接見是一項榮譽，稱為「登龍門」。

名句的故事

東漢桓、靈二帝時期宦官當權，有所謂「十常侍」。其中趙忠、張讓是領頭，靈帝甚至說：「張常侍是我公，趙常侍是我母。」

李膺任司隸校尉時，張讓還只是小黃門（皇帝寢宮近侍）。張讓的弟弟張朔擔任野王縣令，貪殘無道，事發，逃到京師，藏在張讓家中。李膺率捕吏進張讓家中搜捕，張朔躲進兩根柱子中間的牆隙，李膺敲開牆壁，把張朔抓出來，送入洛陽監獄。審問完畢，立即誅殺。

張讓向皇帝哭訴，皇帝詰問李膺，李膺抬出

「孔子為魯司寇，七日而誅少正卯」的大帽子。並且請求「再幹五天」，把一干大奸大惡都除掉，然後「退就鼎鑊」（烹殺）而無憾。皇帝說不過他，就對張讓說：「你的弟弟自己犯罪，司隸校尉有什麼錯？」

但是，宦官自有他們陰柔的一套：宮內所有黃門、常侍在皇帝面前裝得大氣也不敢出，也故作不敢出宮省親。皇帝問「怎麼啦？」個個叩頭哭訴：「害怕李校尉。」

不久之後就爆發了「黨錮之禍」，當時著名的清流名士幾乎通通被抓起來。但因為這些人受天下人敬重，所以兩百多人通通「歸田里，禁錮終身」。

歷久彌新說名句

李膺的威力，由孔融的故事可見一斑：

孔融十歲時隨父親到了洛陽。聽說蒙李膺接見即可「登龍門」，但是李膺當時聲望正隆，不是很有名的人或至親好友，連門房都不通報。

孔融上李膺的門，對門房說：「我是李先生的親戚。」門房為他通報，孔融進入會客室，李膺問他：「我倆有什麼親戚關係嗎？」孔融說：「從前，我的祖先孔子曾向你的祖先老子（老子名李耳）請教《禮經》，有師徒關係。所以我們有著累世通家之好。」

於是，孔融在洛陽名士之間一夕成名。

名句可以這樣用

這個典故傳到今日，常用的成語是「一登龍門，身價百倍」。

生而富者驕，生而貴者傲

名句的誕生

傳[1]曰：「生而富者驕，生而貴者傲。」生富貴而能不驕傲者，未之有也。今寵祿[2]初隆，百僚觀行，豈可不「庶幾夙夜，以永終譽」[3]乎！……外戚所以獲譏於時，垂愆[4]於後者，蓋在滿而不挹[5]，位有餘而仁不足也。……

～〈漢紀〉

完全讀懂名句

1. 傳：不指名之引述，假託「古人說」。
2. 寵祿：恩寵與官祿。
3. 庶幾夙夜，以永終譽：語出《詩經．周頌．振鷺》，意思是「夙夜勤勞，以求永遠保持美好的聲譽」。
4. 愆：責備。垂愆：長久被譴責。
5. 挹：節制。

語譯：古人說：「生在富貴之家，就會驕傲。」出身富貴而不驕傲的，從來沒見過。現在閣下家族得到的恩寵和官祿正如旭日東升，滿朝文武都瞪大眼睛在觀察閣下的所作所為，怎麼可以不照《詩經》所說：「夙夜勤勞，以求永遠保持美好的聲譽」呢！……歷代外戚之所以被當世嘲諷，受後世譴責，莫不是因為權勢太大而不知節制，官位太高但仁德卻不足以匹配。……

名句的故事

東漢章帝駕崩，十歲的太子即位（和帝），

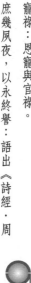

母親竇太后攝政。竇太后的哥哥竇憲主持宮廷機要，皇太后與皇帝的誥命都由他負責宣達，等於他就是最高領導人。同時，幾位老弟竇篤、竇景、竇瓌都在權力中樞任職。竇姓家族一夜之間權傾天下。

竇憲門下一位賓客寫了一份書面建言給他，提醒他要居高思危。原文中首先舉兩位懂得克己復禮，為後世稱讚的外戚；其後列舉西漢二十個外戚家族，只有四位皇后或太后的家族得以保全，其他都在垮台後遭到誅戮。

歷久彌新說名句

果然，竇氏家族最初一夕暴發，最終也一夕崩潰。

竇憲官位一直升到大司馬大將軍，兩次北伐匈奴，勒石燕然山，內政也沒太大劣績，在歷史上稱得上是不錯的一位執政外戚了。

可是小皇帝會長大，長大了的小皇帝看舅舅的趾高氣昂不順眼，就聯合宦官和有封國的兄弟，「拔」掉了舅舅——事實上，這是歷朝「外戚vs.宦官」戲碼的套裝腳本，人物、場景、情節容有不同，結構大綱卻不脫這個模式。

至於是不是一定「生而富者驕，生而貴者傲」？當然不見得，否則那些非開國始祖的英明君主怎麼來的？

名句可以這樣用

生在富貴之家，難道就有原罪嗎？當然不是。但要避免因富貴而產生的驕傲，最好的方法就是孔子說的「富而好禮」，以及適時地急流勇退。

受降如受敵

名句的誕生

段遼[1]自密雲山遣使求迎[2]於趙，既而中悔，復遣使求迎於燕。趙王虎[3]遣征東將軍麻秋帥[4]眾三萬迎之，敕秋曰：「受降如受敵，不可輕也。」

～〈晉紀〉

完全讀懂名句

1. 段遼：五胡亂華時期，河北地區的軍閥之一，不在十六國之列。
2. 迎：「受降」的好聽說法。求迎：要求較高禮遇的納降。
3. 趙王虎：後趙「天王」石虎（石勒的繼承人）。
4. 帥：同「率」。

語譯：段遼從流亡地密雲山派出使節，向後趙表示投靠之意。使節還在半途上，段遼已經後悔，於是再派出使節向前燕表達投靠之意。

這一邊，後趙天王石虎派征東將軍麻秋率領三萬兵馬前往受降，石虎指示麻秋：「受降要視同對敵，不可心存輕視（亦即不可輕敵）。」

名句的故事

石虎指示不可輕忽，但是顯然麻秋沒當一回事。結果，段遼與前燕大將軍慕容恪聯軍、設伏，把沒防備的麻秋殺得大敗，「死者十之六七」，亦即三萬大軍只存一萬人左右。

後來，段遼又陰謀反叛前燕，事情敗露被殺，燕人將段遼的首級送去後趙，以彌補之前的仇隙。

歷久彌新說名句

為什麼要詐降？因為己方居於劣勢。既然是居於劣勢，詐降就必伴隨奇襲，否則力不足以反撲，卻仍賈勇一搏，就成了飛蛾撲火。

段遼與前燕聯軍設伏，麻秋不防備，是一例；田單雙城復國故事，詭稱出降，時至則以火牛陣衝之，燕將騎劫不防備，又是一例。更為戲劇化的一幕則是唐朝李光弼：

安史之亂，史思明進攻太原，政府軍將領李光弼派人去和史思明「約期受降」。但卻同時動用工兵挖地道，一直挖到史思明營中，並且將敵營下方幾乎遍地的坑道，暫時以木頭撐住。到了約定的日子，派出數千人擺開投降的樣子。史思明部眾正睜大眼睛望著投降部隊時，突然營地整個塌陷，當場死千餘人。史軍慌亂，唐軍見狀，投降部隊當場改成衝鋒部隊——這一戰斬首以萬計，雙方形勢優劣自此互換（之前安史軍勢盛，之後唐軍採取主動展開反攻）。

名句可以這樣用

《吳子兵法》（相傳為我國名將吳起所著）中指出：將領有五件事必須始終謹慎，其中一項就是「雖克如始戰」——打了勝仗也必須和初接戰時一樣小心翼翼。與本句相同意思，更何況，受降是面對未受創的敵軍，理當更謹慎。

未知鹿死誰手

名句的誕生

人豈不自知，卿言太過。朕若遇漢高祖，當北面[1]事之，與韓彭[2]比肩；若遇光武，當並驅中原，未知鹿死誰手。大丈夫行事宜礌礌[3]落落，如日月皎然，終不效曹孟德、司馬仲達[4]欺人孤兒寡婦，狐媚[5]以取天下也。

～〈晉紀〉

完全讀懂名句

1. 北面：南面而王，北面意謂「臣事之」。
2. 韓彭：韓信、彭越。
3. 礌礌：同「磊磊」。
4. 曹操字孟德，司馬懿字仲達。
5. 狐媚：狐狸般行詐。

語譯：人豈能沒有自知之明，你的說法（馬屁）太過了。我如果遇到漢高祖劉邦，甘願以臣禮事奉他，而跟韓信、彭越等人平起平坐。如果遇到漢光武帝劉秀，我將與他一同馳騁中原，鹿死誰手還不一定（意謂自認與劉秀不相上下）。大丈夫行事應當磊落，像日月一樣光明，我絕對不去效法曹操、司馬懿，欺負人家孤兒寡婦，像狐狸一樣使用詐術，以取得天下。

名句的故事

五胡十六國時期第一位取得大部分北方領土的英雄之主後趙石勒，在稱帝之後大宴文武百官，問中書令徐光（漢人學者）：「我可以比擬古代哪一個君王？」徐光說：「陛下的武功謀略，超過漢高祖，之後沒有一個君王及得上陛下。」

石勒心裡很爽，但嘴巴上還要數落徐光「馬屁拍過頭」，然後自謙比不上劉邦，與劉秀不相上下，更瞧不起曹操、司馬懿。

史家評論這一段頗多，有人認為「石勒其實心裡自認不如韓信、彭越，卻藉此說得與韓彭比肩」，有人認為「石勒說司馬懿父子欺人孤兒寡婦則可，對曹操則不公平，因為曹操的天下是自己打下來的，不是篡奪而來」。公平一點說：石勒說此話時的局面，勝於韓信彭越（稱霸一方），但遠不如曹操（統一北方），更遑論與劉秀最終統一全國相比。

歷久彌新說名句

石勒的問題和自比古代君王，在在顯示他的心態：對眼前成就志得意滿。這種心態一旦出現，進步就畫上了句點，石勒後來終於未能再進一步。

《三國演義》中曹操曾與劉備「煮酒論英雄」，對當世割據一方的豪傑一一評論：袁術是塚中枯骨，袁紹見小利而忘命，劉表虛名無實，孫策藉父之名，劉璋守戶之犬——曹操只比對手，而非上比古人。雖然給對手的評價都很低，但正足以顯示曹操對天下大勢有他的評估與定見，更絕非志驕意滿。

名句可以這樣用

本句也有「鹿死誰手尚未可知」的倒裝用法，而「鹿死誰手」成語則源自「逐鹿天下」——以鹿比喻政權。

危可使安，死可使活，貴可使賤，生可使殺

名句的誕生

〈錢神論〉：錢之為體，有乾坤之象[1]，親之如兄，字曰孔方。無德而尊，無勢而熱，排金門[2]，入紫闥[2]。危可使安，死可使活，貴可使賤，生可使殺。是故忿爭非錢不勝，幽滯[3]非錢不拔，怨讎非錢不解，令聞[4]非錢不發。洛中朱衣[5]、當塗[5]之士，愛我家兄，皆無已已[6]。執我之手，抱我終始。凡今之人，惟錢而已！

～〈晉紀〉

完全讀懂名句

1. 乾坤之象：錢外圓內方，如天圓地方。
2. 金門：宮門。紫闥：內廷。
3. 幽滯：人才被冷凍、埋沒。
4. 令聞：名聲、名譽。
5. 朱衣：諸王穿紅衣。當塗：當道、執政。
6. 已已：終止、止盡。

語譯：〈錢神論〉全文：錢的形狀如天圓地方之象，人們親之愛之如兄長，暱稱它為「孔方兄」。它沒有德行，但地位尊貴；沒有權勢卻炙手可熱；它的力量可以敲開官門、直達內廷。危險的可以讓他平安，該死的可以讓他得生，尊貴的可以使他卑賤，活著的可以使他喪命。以是之故，打官司沒錢不會勝訴，被埋沒的人才沒錢不會被提拔，怨仇沒錢不能化解，好名聲沒錢不能傳播。洛陽地方的王侯與當權人士喜愛我家兄，欲望沒有止盡。緊握我（家

兄）之手，抱住不放。今日世人一切都只看錢而已！

名句的故事

西晉是中國歷史上最貪腐的一個朝代。而賄賂公行的根源，乃在於白痴皇帝司馬衷：皇帝白痴，於是權力握在皇后家族與諸王、權臣手中，每個人都可以發號施令，權臣之間更互相關說包庇，而一切交易的媒介當然是——錢。

於是就有一個士人魯褒作了這一篇〈錢神論〉，諷刺當時的貪腐之風。由於字字珠璣，所以全文照錄。

歷久彌新說名句

西晉的貴族、權臣以及世家大族因賄賂公行而致富，於是流行「鬥富」：駙馬王濟家裡（公主府中）用人乳餵養小豬，然後蒸食，說是吃了可以延年益壽；太傅何曾家中，每天伙食費高達萬錢，還嫌不好。

首富石崇與帝舅王愷鬥富的故事最誇張：王愷家用糖膏洗鍋，石崇家就用白蠟做燃料；王愷用紫綢做步障四十里，石崇用錦緞做五十里……

石崇最後在政爭中選錯邊，被抄家問斬。當抄家官吏到他家中，石崇說：「都是因為我的財富才整我。」官員回頂他一句：「若早知財富不祥，何不及早散之？」問題在於，誰又捨得呢？

名句可以這樣用

小說中常見仙丹靈藥或仙人道長能夠「生死人而肉白骨」，但在現實生活中，恐怕還是錢更能「死可使活」吧！

國家圖書館出版品預行編目資料

中文經典100句——資治通鑑 / 公孫策　著;
-- 二版. --台北市 : 商周出版 : 家庭傳媒城邦分公司發行, 2017.08
面：　　公分.--（中文經典100句；11）

ISBN 978-986-477-268-1（平裝）

1. 資治通鑑　2. 注釋
610.23　　106009861

中文經典100句11

資治通鑑

總　策　畫／季旭昇教授
作　　　者／公孫策
副 總 編 輯／楊如玉
責 任 編 輯／陳靜芬
發　行　人／何飛鵬
法 律 顧 問／元禾法律事務所　王子文律師
出　版　者／商周出版
城邦文化事業股份有限公司
台北市104民生東路二段141號9樓
電話：(02) 2500-7008　傳眞：(02)2500-7759
E-mail：bwp.service@cite.com.tw
發　　　行／英屬蓋曼群島商家庭傳媒股份有限公司城邦分公司
台北市中山區104民生東路二段141號2樓
書虫客服服務專線：(02)2500-7718・(02)2500-7719
24小時傳眞服務：(02)2500-1990・(02)2500-1991
服務時間：週一至週五09:30-12:00・13:30-17:00
郵撥帳號：19863813　戶名：書虫股份有限公司
讀者服務信箱E-mail：service@readingclub.com.tw
歡迎光臨城邦讀書花園　網址：www.cite.com.tw
香港發行所／城邦（香港）出版集團有限公司
香港灣仔軒尼詩道235號3樓　網址：hkcite@biznetvigator.com
電話：（852）2508-6231 傳眞：（852）2578-9337
馬新發行所／城邦(馬新)出版集團 Cite (M) Sdn. Bhd.
41, Jalan Radin Anum, Bandar Baru Sri Petaling,
57000 Kuala Lumpur, Malaysia.　Email: cite@cite.com.my
Tel: (603) 9056-3833　Fax: (603) 9056-2833

封 面 設 計／黃聖文
電 腦 排 版／冠玫電腦排版股份有限公司
印　　　刷／韋懋實業有限公司
總　經　銷／聯合發行股份有限公司
電話：(02)2917-8022　傳眞：(02)2911-0053

■2007年9月6日初版一刷
■2017年8月3日二版一刷
printed in Taiwan
定價250元
 ISBN 978-986-477-268-1

商周出版

廣　告　回　函
北區郵政管理登記證
北臺字第000791號
郵資已付，免貼郵票

104　台北市民生東路二段141號2樓

英屬蓋曼群島商家庭傳媒股份有限公司城邦分公司　收

請沿虛線對摺，謝謝！

商周出版

書號：BK9011X　書名：中文經典100句——資治通鑑　編碼：

請於此處用膠水黏貼

商周出版

讀者回函卡

感謝您購買我們出版的書籍！請費心填寫此回函卡，我們將不定期寄上城邦集團最新的出版訊息。

不定期好禮相贈！
立即加入：商周出版 Facebook 粉絲團

姓名：＿＿＿＿＿＿＿＿ 性別：☐男 ☐女

生日：西元＿＿＿＿年＿＿＿＿月＿＿＿＿日

地址：＿＿＿＿＿＿＿＿

聯絡電話：＿＿＿＿＿＿＿＿ 傳真：＿＿＿＿＿＿＿＿

E-mail ：

學歷：☐ 1. 小學 ☐ 2. 國中 ☐ 3. 高中 ☐ 4. 大學 ☐ 5. 研究所以上

職業：☐ 1. 學生 ☐ 2. 軍公教 ☐ 3. 服務 ☐ 4. 金融 ☐ 5. 製造 ☐ 6. 資訊
☐ 7. 傳播 ☐ 8. 自由業 ☐ 9. 農漁牧 ☐ 10. 家管 ☐ 11. 退休
☐ 12. 其他＿＿＿＿＿＿＿＿

您從何種方式得知本書消息？

☐ 1. 書店 ☐ 2. 網路 ☐ 3. 報紙 ☐ 4. 雜誌 ☐ 5. 廣播 ☐ 6. 電視
☐ 7. 親友推薦 ☐ 8. 其他＿＿＿＿＿＿＿＿

您通常以何種方式購書？

☐ 1. 書店 ☐ 2. 網路 ☐ 3. 傳真訂購 ☐ 4. 郵局劃撥 ☐ 5. 其他＿＿＿＿

您喜歡閱讀那些類別的書籍？

☐ 1. 財經商業 ☐ 2. 自然科學 ☐ 3. 歷史 ☐ 4. 法律 ☐ 5. 文學
☐ 6. 休閒旅遊 ☐ 7. 小說 ☐ 8. 人物傳記 ☐ 9. 生活、勵志 ☐ 10. 其他

對我們的建議：＿＿＿＿＿＿＿＿

請於此處用膠水黏貼